禅说处世

一路开花 编著
袁冰 绘

齐鲁书社

前言 | 我们在平淡日子里丢失的禅

前些天看一篇科学报道,颇有感触。原来孕妇的妊娠反应,是生命出于本能的自我保护所造成的。

婴儿在母体的前三个月,是极其脆弱的,为了保护自己可以在最大程度上健康存活,婴儿在面对油腻荤腥和食品添加剂等化学原料时,总会做出特别激烈的对抗反应,使这些食物尽可能在消化前从母体吐出。

那婴儿喜欢什么呢?很简单,喜欢来自天然的蔬菜瓜果。生命最本真的状态,原来就是喜欢自然的。

但走到今天,不难发现,我们正在和自然越走越远。一切都来得太快,我们也习惯了快,以至于我们根本不能忍受任何慢节奏的生活。

为了使这样的快节奏更快些,我们做出了很多调整——扩宽机动车道,把人行道变窄;打通地下隧道,让地铁可以四通八达;手机从不离手,微信、陌陌样样精通,建立大棚蔬菜基地，让所有植物可以更快生长……

以前，我们要会一个朋友，总要做足功夫。家里种了什么粮食，结了什么果子，得提着点去，让人家尝尝，分享这份来自天然的人情。今天，我们不必再如此麻烦了。想见谁了，不管他人在哪里，一个电话，一个视频，几分钟就可以解决问题。过程是省了，朋友也多了，可那份令人怀念的人情味，淡了。

这个时代的一切都快了，便捷了，按理来说，我们应该有大把的空闲时间了，可事实上，我们越来越忙。如此说来，便捷并没有为我们省下时间，相反，正在让我们远离自然。

曾经我反驳过这个结论。但一个朋友的问题，使我顿时面红耳赤。楼房那么高，有多久没去天台上看过星星了？交通那么方便，有多久没去山上好好走走了？电话那么方便，有多久没有好好跟父母谈谈心了？

是啊，我们住在高楼里，却从来没有站在高楼上看过星星；我们天天坐车，却很少想着要去郊外看一看自然的风景；我们天天在用手机，可除了刷微博看微信联系客户之外，究竟还有多少挂念可以分给家人和真正的朋友？

我们已经被这样的快节奏磨得麻木不仁。同样的场景，同样的故事，在现实里，我们总是心存戒备，小心翼翼，担心这个是骗子那个是托，可一旦隔着电视屏幕，我们却变得特别容易被感动，还经常哭得稀里哗啦，究竟为何？

难道，我们连想要一份真实的感动都必须得借助虚拟的世界来完成？

很多人抱怨，说现在是人心大坏，连朋友之间借个钱都难如登天。我们从来没有静下心想想，问题究竟出在哪里？

很多年前要见一个朋友，我们是提着自家的蔬菜瓜果去的，满满的，都是情谊和自然的味道。去了，通常不为事情，只是想念，要在一起坐一坐，看一看，聊一聊，顺便吃个家常饭。可如今，不同了，我们要见一个朋友，一个电话约到地点，胡喝两杯，胡吹两句，然后匆匆散场。而且，通常这样的情况，目的都是为了谈事。

从前的朋友，是知根知底的朋友，是用人情和自然垒筑起来的朋友。而如今的朋友，大多时候，都显得像个玩伴——那些破碎的又带有功利性的相处片断，当然难以撑起彼此长久的信任。

我们在丢弃自然的时候，其实，也一并遗失了可贵的人情。

对于平淡的日子来说，人情是什么？在我看来，人情就是普通人最宝贵的禅。周汝昌先生说，儒家的《论语》智慧，说到底，其实就是两个字，体贴。真切地站在别人的角度，去思考别人的处境。今天的我们，很难做到这一点。网络上到处都是英雄，看到不平事，骂声一片。可现实中呢，我们实在很难看到见义勇为的英雄。所以有人禁不住问，到底是英雄不出门，还是坏人不上网？

《禅语人生》《禅说处世》《禅解情缘》这三本书，说的都不是什么佛家往生的大真谛，不过是想带有缘翻开此书的读者，一起慢下来，一起找一找，那些我们在平淡日子里丢失的体贴、真诚、耐性、平和、人情、温暖……

这也是我们做这三本书的初衷。

2017年3月

目录 contents

前　言 /1

第一章：一切皆空 /1

为了心中的佛 /3

毒　珠 /8

拯救翠鸟 /12

忏　悔 /16

清云寺的木鱼声 /21

拈　阄 /25

棍僧行一 /29

生命的声音 /33

断　指 /36

取　经 /40

山顶的月亮 /44

第二章：境由心生 /49

射中良心 /51

神医和尚 /55

小瓜和尚 /58

夺　经 /62

寻　宝 /66

佛在方寸间 / 69

寻找佛财 / 72

暖玉琵琶 / 75

破　戒 / 79

断　臂 / 82

绿罗刹 / 86

第三章：坐看云起 / 91

知　音 / 93

养石兼养心 / 97

小镇僧寮宜品茶 / 104

一块翡翠，十分静好 / 108

今夜，与红茶对语 / 114

右手茶，左手禅 / 118

怀揣佛念，心如白莲 / 126

白沙的灵木 / 133

不等那些人 / 140

木鱼与钢刀 / 142

蝈蝈诵经 / 144

筷子书法 / 145

镣铐和枷锁 / 147

寺院里的老鼠 / 149

第四章：禅不可说 / 151

只可意会 / 153

盲　僧 / 154

哑　僧 / 156

云水僧 / 157

追　随 / 158

心　田 / 160

心　眼 / 162

心　贼 / 163

烹禅煮佛 / 165

方丈门前的绊脚石 / 167

救自己于水火之中 / 169

落叶的用处 / 170

受罚的时间 / 172

无字经书 / 174

随遇而安 / 176

以退为进 / 178

第五章：渡己渡人 / 179

回归自我 / 181

拜佛的途中 / 182

自　渡 / 184

自己过去 / 186

作茧自缚为腾飞 / 187

担　当 / 189

你所扮演的角色 / 191

人的像素 / 193

舍己为人 / 194

冷暖自知 / 196

功　德 / 198
过眼云烟 / 200
归　属 / 202
忏　悔 / 203
此时此刻 / 204
毒　品 / 206
失落的鸟蛋 / 207
什么是智慧 / 209
什么最美 / 210
睡　僧 / 211
救命的教训 / 213
无法替代 / 214
无言的聚会 / 215
心明眼亮 / 216
特殊的法会 / 217
童　心 / 218
无花果 / 220
风中的树木 / 222
几片绿叶 / 224
灵　苗 / 226
罗汉果 / 228
石雕僧 / 230
昙花一现 / 231
椰壳木鱼 / 233
走神儿 / 234
网上论禅 / 235

第一章

一切皆空

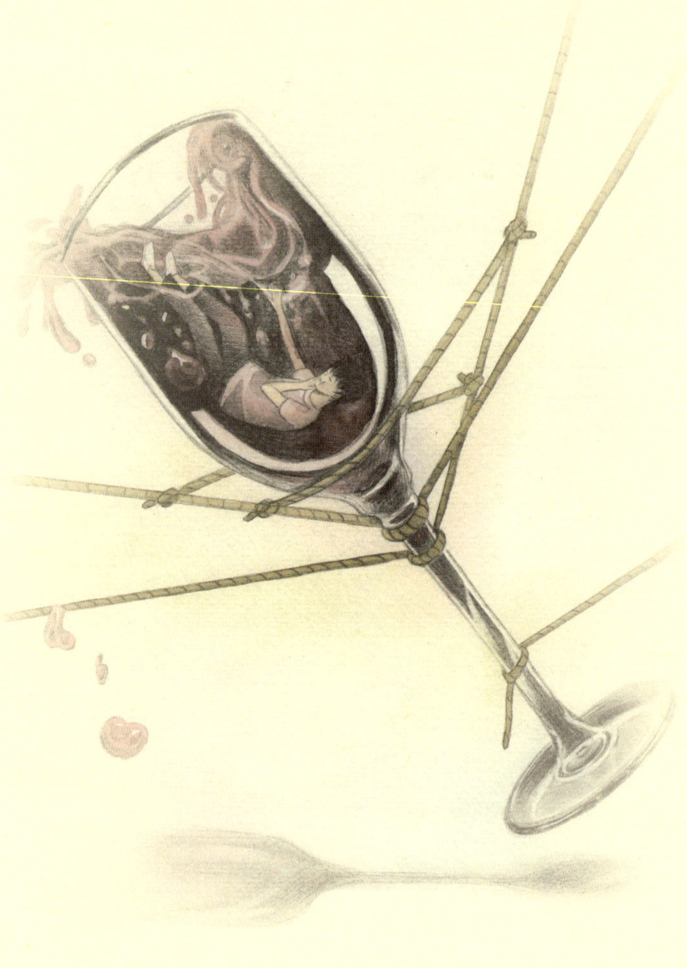

为了心中的佛

他是一个和尚，却不诵经不礼佛。每天，都望着佛寺发呆。

师父长叹，道："你望什么？"他回答，好美啊。说着，指指古雅的佛寺，佛寺的飞檐翘角，在蓝天、白云和大山的衬托下，别有一种美。

师父责备："出家人心中应有佛，不可耽于其他。"可是，他仍沉迷其中，难以自拔。瞅住空闲，他就用石头、泥土、木棍，搭建自己心中的亭台楼阁，一搭就是几天。师父见了，连连称："阿弥陀佛，罪过啊！"

在寺庙里，他做了十五年僧人，没记住几句经文，可是，所绘的各种亭台楼阁、湖泊假山的图纸挂满了禅房。

他人在寺庙里，名声却早早地飞到了外面的世界。

在他二十二岁的一个早晨，一队人马进了寺庙，带头的人鲜衣怒马，带着皇帝的圣旨，对着和尚们宣读：皇贵妃仙逝，圣上心疼欲绝，发誓要修一座天下最美的陵寝。然后，口传圣谕，让他下山设计建造。

"阿弥陀佛，很可惜啊，小徒身患重病，危在旦夕，怕是难以应命。"师父双手合十，一脸悲伤。所有弟子，一脸惊愕。忽听殿后鞋声橐橐，他走了出来，一身布衲，青衣光头，对师父施礼道："师父，我好了，可以下山了。"一时间，师父无言以对。良久，仰天一叹，挥挥手，无言转入后殿。

他下山，随着大队人马。

耳边，是师父的声音："你下山一定凶多吉少，要解此灾，唯有一法。"

"何法？"他问。

"装疯，可躲一厄。"师父数着念珠。

他摇头，叩别师父，走出殿门。

然后，一路匆匆，来到京城。他住在馆舍里，布衣素食，对着宫廷送来的精细美食、秀色美女，望也不望一眼。他说，他心中有佛。

馆舍官员暗笑，道："听说大师连木鱼也敲得一塌糊涂。"言外之意，佛在哪儿。他一指自己的心，意谓在这儿。

几天后，他拿着自己的图纸去拜见皇帝，细细叙说着自己的设计和规划。皇帝眉开眼笑，眼光发亮，当即授予他二品官职，并让他负责起建造陵寝事宜。

"贫僧可负责建造陵寝，但不愿为官。"他推辞道。

"不愿为官？"显然，皇帝很不理解。

"不可能！"所有的官员瞪大眼睛，不相信自己的耳朵。

他掸掸僧袍，笑了，缓缓退下。依然粗衣布衲，走向了

为了心中的佛

施工现场,亲自监造。有时也跟工人一块儿搬料,扛木头。他忘记了,自己是一个僧人,更是一个负责建造陵寝的人。

三伏天,他冒着酷夏。三九天,他冒着严寒。

十年过去了。整整十年,一个青春的和尚已步入中年,由于长期的劳心劳力,由于艰难的调度和运作,他的鬓角已见星星白发。有时,夕阳西下时,遥望远处,他也想到了寺庙,想到了师父,也想向佛祖上一炷香,可他随即摇摇头,摆脱了自己的想法。

十年艰辛,十年血汗,一座绝世的艺术品出现在人们的眼前。

一座高大的、金顶般的建筑立在蓝天下,红墙如胭脂,让人晕眩。下面是一级级台阶,向上攀登。金顶建筑四边,四座小巧玲珑的宝塔高高耸立。

皇帝见后,泪水直涌,喃喃道:"比我心中的还要美,爱妃,它只配你住。"

第二天,皇帝召他上殿。所有大臣都十分羡慕,知道这个和尚要富贵发达了。

他仍静静的,微笑着。

"来啊,把他的右手砍了。"皇帝吩咐卫士。

他微笑着,伸出右手,好像一点儿也不意外,连皇帝也惊奇,问:"你怎么不问为什么?"

"早已知道,何必再问。"他淡淡地回答。

"知道什么?"皇帝惊讶。

"你怕贫僧再为别人设计,所以如此。"他仍波澜不惊。

他的右手被剁下。他并没有离开,整日在陵寝边徘徊观望，同时，在陵寝对面不远的山上，掏了一个洞。洞掏完不久，皇帝又让卫士带他上殿，他依然青衣布衲，飘飘而来，对着皇帝微微一笑："我一切皆了，可以死了。"

"你怎么知道要处死你？"皇帝睁大了血红的眼睛。

"我手虽断，可思想仍在，你怕我为别人设计更好的建筑。"他说。

受刑那天，他提出要见师父。老师父来了，须发斑白，一如十多年前一样，摸着他的头道："你既知难逃一厄，为何还要下山？"

他微笑，仍如少年时，望着远处亭台楼阁道："为了心中一个美丽的梦。"死后，按他的要求，一部分骨灰葬在他挖的洞里，和自己的设计遥遥相对；另一部分，则被师父带着回了山。圆寂前，师父指着骨灰罐，告诉身边弟子，把他的骨灰放在自己的塔中，"因为他是一个真正的佛家弟子，在他的心中，有一尊不变的佛，那就是美"。

毒 珠

观音岩是一座岩，岩腰上有一座庙，叫观音庙，乃凿洞而成。洞外，再顺着岩势筑墙，高低曲折，造成佛堂。

庙很小，只有一个和尚，叫智能。

智能和尚每天就守着观音洞，敲着木鱼，诵着佛经，很少走出岩洞，除了化斋和上厕所外。

有人说，观音洞里有宝贝呢。

原来，一年前，人们修佛堂时，在观音岩的石洼间刨啊刨，后来一锹刨下去，只听"当"一声响，是一块石板。大家互相望望，又搬起石板，果然，下面藏着一个小小的铁盒，三寸见方，已被铁丝捆死。大家拿了盒子，准备撬开，这时智能和尚赶到，见了，变了脸色，连声道："阿弥陀佛，罪过罪过！"拿了铁盒，转身走了。

"是宝贝，"有人猜测，"一定是那颗珠子。"

"是的，一定是智上人拾的那颗珠子。"另外有人马上猜测。

大家所说的"珠子",是指智能和尚的师父智上人当年拾得的一个宝贝。

据上辈人亲眼所见,智上人一日行医归来,路过一道溪水边时,突见水中有颗珠子,黑黑的,圆圆的,忙捞起来,拿回庙里。不久,大师圆寂,珠子也就落在了智能手中。

为了这个传闻,观音岩旁一个叫王名的人缠着智能和尚,问是什么珠子,能看一下吗?

智能和尚双手合十,连连宣着佛号道:"阿弥陀佛,小寺哪来的宝贝?"

"和尚可不能打诳语啊。"王名激他。智能不说话,只是摇头,数着念珠,进了观音洞,端坐洞中,敲着木鱼"梆,梆"地响。木鱼声在青山绿水间回荡,很有韵律。

王名只有摇摇头,离开了。

那是一个月黑风高的晚上,一伙蒙面人一拥而入,进了观音庙,从观音洞中一把抓起智能。智能念声"阿弥陀佛",问道:"施主们夜闯小庙,究竟为了什么事?"

带头那人哑着嗓子恶狠狠地说:"小秃驴,快把你师父留下的宝贝拿出来,不然,有你好受的。"说完,明晃晃的刀子在火把下晃动了一下,直刺人的眼睛。

智能忙解释:"小庙一穷二破,哪来的宝贝啊?"说完,仍轻轻地敲着木鱼。一个蒙面人见了,一把抓过木鱼,一下子扔在地上,摔得粉碎,火光之下,木鱼里赫然滚出一个小小的铁盒。

"珍珠!"大家惊叫道。

"别碰,有毒。"智能叫着,扑了上去,旋即,腿上着了一刀,一个踉跄,倒在地上,又挣扎着坐起来,道:"有毒。"

　　所有盗贼哈哈大笑,道:"和尚,有毒,你为什么收藏着呢?"

　　智能告诉他们,这是一颗有毒的珠子,里面含有一种叫汞的东西,还有别的剧毒成分,师父那天见了后,把它拾起来,用盒子装上,埋了起来,怕的是被别人拿到,放在家里日久中毒而死。

　　"师父说了,世人爱珠子,不管有毒无毒,这样的话,这颗珠子流传世间,流毒无穷,所以,让我看住它,别让它流传出去。"然而,最近,大家为了这颗珠子,到处寻找,弄得智能拿在手里,扔不能扔,藏又无处藏,只有藏在木鱼中。

　　大家听了,又一阵哈哈大笑,打开盒子,拿起宝珠就准

备走。

智能急了,忍痛跳起来,一把抢过珍珠,一口吞进肚子里,道:"阿弥陀佛,这珍珠真的有毒。"然后缓缓转身,含笑端坐,不言不语。

"快,剖开他的肚子。"有人喊。

大家扑过去,这才发现,智能已经圆寂了。他的脸上,布满了一层青黑之气,显见是中毒而死的。

一时,观音岩上静悄悄的,没了一点声音。突然,领头那人扯了蒙面纱巾,跪下大哭。那人,正是王名。所有强盗见了,都跪下,摘下面纱,他们是这一带的地痞。

不久,观音岩上立了一座塔,里面埋着智能和尚。塔名洗心塔,守塔的和尚是王名,佛家名叫心空。

至此以后,观音岩再也没有发生抢劫事件。

拯救翠鸟

这是一只翠鸟,小小的,浑身碧翠如玉,上面嵌着一个嫩黄的小嘴,在枝上跳跃着,发出清脆的叫声。小和尚轻轻一叫,翠鸟就落下来,落在他手上,嫩黄的小嘴,吐出清亮亮的声音。

第一次看见这只鸟时,它受伤了。那时,它落在地上,羽毛蓬松着,身上有一处伤。他双手捧起它,捧回庙中,然后给它治伤、喂水、喂食物。

慢慢地,鸟儿伤好了,叫起来,声音如笛儿一样。

他敲着木鱼,诵着佛经。这只小小的鸟儿,就在佛堂上飞来飞去,一会儿落在房梁上,一会儿又落在他的肩上,间或,会叫两声,很清亮很清亮。

看着鸟儿,他稚气的脸上露出了笑容。

看见她,是一个上午。

她很美,像一尊观音,眉眼亮亮地出现在他的面前。他轻轻地敲着木鱼,声音仍一板一眼的。鸟儿飞来,落在他的肩上,呷着嫩黄的小嘴,清亮地叫了一声。

看到翠鸟,她眼睛一亮,去捉那鸟儿,鸟儿一振翅,飞走了,只有几声鸟叫在空气中流荡。

"小师父,把那只鸟儿卖给我吧,我给你银子。"她说。

他抬起头,脸上有点红:她,太美了。他摇摇头,不想卖,不过,她如果喜欢,他是愿意送给她的。他觉得,只有她才配养这样的鸟儿。

就在这时,一个人进来,轻声道:"公主,那小丫头不小心,把你的一个瓷杯打碎了。"

她听了,烟一样的眉毛拢起,咬了咬牙道:"拉下去,打,狠狠地打。"进来的人答应一声,出去了。外面,响起了哭叫声。

他听了,知道她是一位公主。

他们这儿,是皇家寺院。

她转过脸,又笑了,刚才咬牙切齿的样子,仿佛一转眼被风吹走了。她掏出银子,他却摇摇头,慢慢地,一字一顿道:"我不卖。"

"怎么?"她问。

"翠翠离不开我。"他说。翠翠,是他给鸟儿取的名字。

拯救翠鸟

禅说处世

她笑了，是冷笑，很冷很冷的笑，告诉他："小和尚，我是公主，知道吗？"

他点头，他知道。

"你害怕吗？"她问。

他点头，心里确实十分害怕。

"给我！"她吐出两个字。

他不。他感到浑身有点冷，裹了一下小小的僧袍，摇了摇头。

"不给，我就让它死。"她发怒了，眼睛瞪圆了，站了起来，一边向外走一边喊："余将军！余将军——"一个满脸胡子的人走上前。她挥着手吩咐道，那一只翠鸟，看到了吗？用你的神箭射死它，"哼，我得不到，别人也休想得到"。

满脸胡子的人听了，答应一声，抽弓搭箭，瞄准那鸟儿。

鸟儿正在草地上蹦跳着，草地上，草已经结籽，翠翠正吃得津津有味。翠翠一边蹦跳着，一边啄食着，不时鸣叫两声，欢快极了。

它不知道，危险正在降临。

然而，他知道，他跟了出来。

满脸胡子的人拉圆弓，"嗖"的一声，箭射了出去。几乎同时，他扑过去，张开双臂扑向鸟儿，嘴里大喊："飞啊，快飞啊。"箭没射中鸟儿，却射入他的胸脯，他缓缓倒下，嘴里喃喃道："飞啊，快飞啊。"

朦胧中，他看见翠翠飞起来，飞向天空，飞向太阳升起的地方。

他笑了，慢慢闭上了眼。

忏 悔

经过长途跋涉,汉子来到了这儿。茫茫戈壁,一眼望不到边。在一道沙梁的背面,一湾清水,一丛树林,树林深处,红檐一角高高翘起,有钟声传来,当当地响。清水池边,芦苇丛中,不时有几只白色的鸟儿飞起,盘旋一匝,又敛着翅膀落入林中。

林中有一座寺庙,精致小巧。庙里,住着个老和尚——智大师。

汉子来到了寺庙,遇见智大师,扑通一声跪下,道:"大师,我想出家。"

智大师望着眼前的汉子,衣衫褴褛,满面灰尘,显得疲劳、沮丧、无神。大师缓缓地数着佛珠,望着他。大师的眼睛澄澈如水,无风无波,良久良久,摇摇头。

"为什么?"他沙哑着喉咙问道。

"心存善念,我佛在此。"大师用手指指自己的胸口,一字一顿说:"若存恶念,出家为何?"

汉子无言地望着大师,良久道:"难道连佛也不收留我吗?"语言有气无力,恍若迷蒙之中。然后,他站起来,悠悠忽忽向山门外走去。身后,智大师一声长叹:"西天地狱,一念之间,心净即是入佛。"

汉子没有听见,他的背影,已走出山门,隐入暮色苍茫的林子中。

汉子并没有走远,在林中结一草棚,每日打鱼,聊以为生。闲暇时,折一根芦管,放于唇上吹起,芦管呜呜作响,声音显得苍凉忧伤,在黄昏里,或在月光下,倍增凄苦。智大师站在院内,低眉敛目,数着念珠,他不知道,汉子的心中究竟有如何的困扰和纠结。

一日,智大师的侄子来寺院小住,他是画院学子,暑假期间来此写生。

那日,仍是黄昏,霞光如一片胭脂,把无边沙漠染得通红,几棵胡杨树在夕光中伸展着树枝,苍劲如铁,清晰如画。突然,一声芦管响起,在夕阳中倏忽而起,凄凉而惝惶,如一只无助的大鸟,张翅在黄昏中盘旋漫飞。

智大师的侄子悄悄走近,是那个汉子,吹着芦管,满头乱发在夕阳下飘飞。

智大师的侄子一时为眼前景色所倾倒,不由赞叹道:"这简直就是一幅天然的油画啊!"飞快回到寺庙,取出画夹、画笔,唰唰唰画了起来,三天之后,画已作成,取名为《吹芦管的汉子》,然后作别大师,回了画院。

原来,他这次来是为了寻找绘画的材料,参加一次国内著名的画展。

不久,智大师的侄子来信,告诉智大师,自己那幅参赛作品获得特等奖,受到各地绘画爱好者的关注,同时也引来了知情人的目光。原来,画中的汉子是一个在逃的罪犯,他酒后开车,碾死了一个小孩,弃车出逃,至今还在通缉之中。

大师无言,默默收起信。

第二天,他去了汉子草棚。汉子见了他,又一次跪下,请求出家。他须发纠结,满面凄苦,看得出精神上苦闷不堪。

"为什么?"智大师轻声问。

汉子低下头,喃喃道:"一双亮晶晶的眼睛,一直在望着我。"

智大师无言,只是长宣佛号。"阿弥陀佛!"

"我该怎么办?"汉子抬起头,满眼乞求地问。

"苦海无边,回头是岸。"智大师捋捋洁白的胡须,"否则,佛又有何用?"

那人无言,低垂了头。智大师摇摇头,轻轻地走出草棚,一直走向寺庙。

寺庙前的池子,水很深,常常会有附近放牧的小孩来游泳。这日,一个小孩下了水,本来是在浅处扑腾着,突然一脚踩溜,滑入了深水,只喊了声"救命",就没了人影,只有水泡一个个冒出。

就在这时,一个人从树林中飞奔而来,"咚"地一声跳入水中。

这人,正是汉子。

孩子被汉子用头顶了出来,而汉子自己,脚却被稀泥吸

懺悔　19

住,再也没能出来,待到被拉出来时,已停止了呼吸。

智大师赶来,坐在汉子尸体边轻轻地诵着经文,临了,看着汉子双眼仍然睁着,伸出手给轻轻阖上,道:"火化吧!"有人反对说,凡俗之人,不是和尚,不能火化。

"他已成佛了。"大师轻声道。

清云寺的木鱼声

清云寺是一个小寺，一院一殿，供一尊大佛。庙里有个僧人，叫灵上人，不知来自何处，整天一钵一杖一药篓，或念经，或诵佛，或化斋，或医病。

庙中，除了灵上人，还有一个小弟子。

一天早晨，弟子洒扫院子，突听寺门"咯嘎"一响，忙跑去看，一个人倒在寺门外，头朝里，浑身是血，受伤很重，已经昏迷。

弟子大惊，忙喊师父。

灵上人走出来，见汉子已昏迷，扳过他的身子，这是一个满脸胡子的人，身上有几处伤口。灵上人望着汉子的脸，突然，汉子左手引起了他的注意：汉子左手小指断了，而且是旧伤。他轻声念道："阿弥陀佛，快抬到禅房中。"师徒二人动手，抬着汉子进了禅房，熬了米粥，一勺一勺喂下。慢慢地，汉子醒了，睁开眼，看来是饿得太狠了。

见那人醒来，灵上人合十问道："不知施主因何受伤？"

汉子摇头，闭目不语。

灵上人轻声劝汉子好好休息，这儿地处大山深处，闲人不会来打扰的。说完，轻轻出了门，叫来弟子，嘱咐他好好照看病人，自己去采药医治。说完，拿着一个药锄背着一竹篓走了。

大山深处有一种草药，叫柴参，能够治血疗伤，但是，柴参所长地方多在山崖，而且扎根很深。

灵上人准备去采挖柴参。

望着灵上人背着竹篓一步步隐入云雾深处，弟子才进了房。

下午，灵上人没回来；傍晚，灵上人仍没回来。弟子急了，忙到山里寻找，在一个崖下，灵上人坐着，竹篓四边散落着柴参。原来，灵上人挖了柴参准备回时，脚没踩稳，摔了下来，生命虽无大碍，可一只胳膊断了。

弟子扶着师父，背着药材，回了寺里。

灵上人匆匆夹好胳膊，又忙着给汉子疗起伤来。

以后的每天，灵上人都用绷带挂着受伤的胳膊上山采药，在灵上人的精心治疗下，半个月后，汉子的伤终于好了。他跪在灵上人面前，请求剃度，愿作弟子。

灵上人微微一笑，摇着头。

"大师，你给了我生命，我愿从此一心向佛。"汉子苦苦哀求，弟子也在旁边代为求情。灵上人摇摇头，轻轻走出禅房，回到自己房内，端坐在那儿，一下一下敲着木鱼。但是，弟子听得出，师父的木鱼敲得缓慢而沉重。

几天后,灵上人从外面回来,将汉子和弟子叫入禅房。汉子又一次请求剃度为僧。灵上人双指缓缓数着佛珠,一脸平静,良久道:"你不是想当和尚,是想避祸吧?"

汉子一惊道:"大师这话什么意思?"

灵上人不回答,默默数着佛珠,许久,脸色凝重起来,对弟子说:"师父给你讲个故事吧!"然后闭着眼,缓慢而清晰地叙说起来——

在遥远的商州府洪垣县,有一个姓白的医生,医术很高,心地善良,年年轻轻就成了一方名医。不久,他娶了个妻子,这女人不但善良而且漂亮,如一朵雨中的荷花一样。更让自己高兴的是,妻子也出身中医世家,两人无事时,谈着医理,辩解疑难病症,生活幸福得就像天上一轮圆满的月亮。

说到这儿,灵上人声音由深情变为激愤:"可是,美,有时也是一种灾祸啊。"

"为什么?"弟子疑惑地问。

许久，灵上人脸上恢复了平静，接着道，这位医生的妻子太美了，以至于名声远扬，引来了一场大祸。原来，离他们所住地方不远处，有一伙土匪，土匪头子叫王行独，是个色中恶狼，在一天夜里，他带着一群土匪闯进白医生家中，架起白医生妻子就走。

白医生来救，被他一刀插在腹部，倒了下去。

白医生的妻子急了，一口咬住王行独的手，咬掉了他左手小指。王行独疼得暴跳如雷，一刀杀了白医生的妻子，临走，又一把火烧了白医生的房子。

"你——你——是那个医生？"那汉子惊道。

灵上人缓缓地点点头，道，自己幸亏被乡亲救出，怕王行独报复，就远走他乡，出家为僧，没想到，二十多年后，仇人遭官军围剿，独自受伤逃出，来到这儿。虽多少年过去了，两人都容貌大变，可那天一看到汉子左手，他就知道，汉子就是王行独。

王行独哈哈大笑，道："你趁我受伤时报仇还有机会。现在，晚了。"说完，去抽怀里藏着的刀。房门突然一开，一群差役扑了进来，一拥而上，捆住了王行独。

一个无恶不作的巨盗落网了。

事后，弟子疑惑地问："师父，他是坏人，你为什么救他？"

灵上人敲着木鱼，一脸平静道："行善！"

"那，救了他，为什么又让官差抓他？"弟子挠着后脑勺问。

"行善！"灵上人仍敲着木鱼静静地说。

拈阄

风大,浪高。一只船在浪尖和浪谷间翻转,如一枚树叶。船出现一个洞,在进水。船上两人,一个年轻人,一个老人,都紧张地忙碌着,想堵住船上的漏洞,可无论怎么堵都堵不住,水仍在流着。

两人对望一眼,茫茫大海,渺无一人,他们有些绝望。

可是,希望还是有的:一只小船在浪涛里游走,在迅速靠近。

显然,对方驾船技术很娴熟,小船如一粒弹丸,在风浪中弹跳着,游走着,不一会儿,弹跳到这一老一少的船边。

两人脸上的希望随之消失,冷凝成失望。

这是一个海盗。

不久前,海上出现一个海盗,驾着一只小船,来往于海面,抢劫渔民财物,然后飞速离去,消失在海上。为此,当地警察下发通缉令,广贴各处,老人和青年都见过,当然清楚。

海盗看见他们脸色,冷哼一声道:"你们认出了我?"

两人不说话,点点头。

海盗告诉他们,今天自己不打劫,只救人。

两人对望一眼,眼中有亮光闪烁一下。

海盗告诉他们,自己决定只救一人,留下一人。年轻人一听,一愣,随即指着老人道:"他……"话未出口,海盗一瞪眼,大吼一声道:"住嘴!"海盗说,这是自己的船,自己自有主张,别人不许插嘴,不然自己转身就走,谁也不救。

老人和青年知道,这个海盗无情、冷酷,言出如铁,说到做到。

他们闭上嘴,望着海盗。

海盗很满意于他们的表现,吩咐他们将纸做成两个阄儿,一个里面写着"走",一个里面写着"留",拈着哪一个,就按里面的字办。

老人一听,忘记禁忌,忙说:"我做。"

青年也抢着道:"我做。"

海盗白白眼,指着老头道:"你做。"

老人高兴地笑了,按照要求做了两个纸团,放在手心。青年瞪大眼,望望这个,又看看那个,游移不定。海盗急了,喊道:"别磨蹭,拈。"

青年拈起一个纸团,打开,上面写着"走"字。海盗眼睛一翻,讥讽道:"你真幸运,可以逃得性命了。"

青年眼眶红了,请求海盗,打开另一个阄儿。

海盗疑惑地望他一眼,命令老人:"打开!"

在海盗逼迫下,老人打开阄儿,纸上也写着一个"走"

字。青年落泪道:"我不走,大叔,我陪着你。"

老头摇着头说:"快走,你年轻,你家里人离不开你。"

青年站在那儿不动。船在慢慢下沉,水已淹没了脚面。老人急了,吼道:"走啊,有这个机会怎么不走?"可是,青年仍站在那儿,任老人怎么推搡,就是不动,钢铸一般。

海盗眼角跳动了一下道:"都上船吧。"

老人和青年愣了一下,猛地醒悟过来,连声答应着,相扶着上了海盗的船。回过头,他们的船在风浪中慢慢下沉、下沉,不一会就没了痕迹,只留下一个水涡,旋转一下,不见了影子。

海盗的船在风浪中如一片羽毛,随着波涛浮荡,不久,就到了岸边。

老人和青年惊魂稍定,回过头,海盗船已不见了影子。两人叹息一会儿,各自回家,不久就分别接到警察的电话,说一个罪犯想见见他们,以表感激之情。

两人疑惑着,去了警察局。

在那儿，他们看到了那个罪犯不是别人，竟然是海盗：他，投案自首了。

海盗说，他有一个生死朋友，好得跟一个人似的。可是，就是这个朋友，给自己下了个大套，让自己公司倒闭，自己负债累累。而朋友却卷走巨款，没了影子。他无路可走，仗着水技过人，下海做了海盗。

说到这儿，他对二人深深鞠了一躬道："谢谢你们，是你们让我知道，世界上不只是算计和背叛，更多的是呵护、关心和善良。"

他说时，脸上露出了笑容。

老人和青年也笑了，他们发现，海盗笑时还是很帅气的。

棍僧行一

行一是个小和尚,他的父亲原是山下有名的财主,可是,一天,受到白狼山强盗的抢劫,行一的父亲、母亲被白狼山土匪杀了,扔下行一一个人,趴在父母身上哇哇地哭。

那年,行一三岁,是个小小的孩童。

智深师父下山,见了孩子,念声阿弥陀佛,抱着上山。从此,孩子跟着智深大师,剃度了,叫行一。

行一渐渐大了,念经,经常走神:行一想起了爹,想起了娘,想起了杀死爹娘的白狼山土匪白虎。行一放下经书,说:"师父,我要报仇。"师父摇头,报仇,是那么容易的吗?再说,要杀白虎,首先要对付他手下的人,那一路杀下去,还不血流成河?

智深大师慈悲心肠,坚决不许。他觉得,行一有心魔,要抵制心魔,得用巧法。

一天,智深大师吐了血,对着哭哭啼啼的行一道:"师父大限不远了，可是有桩心事未了。"原来，智深大师想凿岩为洞，死去之后，进行岩葬。

行一听了，擦了泪，说师父放心，我去凿洞。行一拿着一把铁锹准备走，被师父挡住，师父曾发过誓，凿洞必须用木棍，而不能用铁器。

行一不知师父为什么要发这样奇怪的誓，不过，既然是师父的誓言，行一就一定遵从，扔了铁器，换了木棍。

这儿是石岗岩，用木棍开洞，几乎是不可能的。

但行一爱师父，敬重师父，他发誓要实现师父的愿望。于是，他上午念经，下午用木棍凿洞。

时间一天一天过去，寒来暑往，洞一点一点增大，开始慢，后来快。在劳作中，行一慢慢长大，长成了一个小伙子，肌肉结实的小伙子。

他一心想着凿洞，忘记了仇恨。

智深师父长长吐了一口气。

十年之后，一个大洞凿成，行一的脸上露出了微笑。

智深大师是在那个冬天圆寂的。当时下着雪，那个下午，他叫来师弟智广，告诉他，自己大限已到，最不放心的是行一，这孩子杀心太重，十年来，自己以凿洞为由，引开了他的注意力，自己圆寂后，希望师弟多教导行一，让他忘记仇恨，一心向善。

智广连连点头，随之，智深大师微笑而终。

行一号啕大哭，面对着世间唯一的亲人。

以后，智广大师开始教导行一佛理。智光大师如智深大师一样，对他细心关爱、呵护有加，并遵从师兄嘱托，处处对行一以善劝导,力求消除行一的杀心。

　　走路时,智广大师让行一注意脚下,且莫伤及蝼蚁。

　　点灯时,智广大师让行一务必罩上纸罩,飞虫扑火,其情堪怜。

　　夏夜里,床上要罩蚊帐,以免蚊虫叮咬,一掌下去就是一条生命。行一道,师叔,我不拍还不成吗?智广大师摇头道,怕就怕梦中无意一掌,害了生命啊。说完,双掌合十,连称罪过,原来,昨晚梦中,自己不小心,打了一只吸血蚊子,至今还难受呢。

半年之中，行一和尚已成为一个彻彻底底的佛子。

一日，行一随智广大师下山化斋，路过一个村子，突听人喊狗叫，马嘶刀鸣，乱哄哄一团。人们齐喊，不得了啦，白狼山白虎来啦。

智广大师偷看行一，只见那张年轻的脸无恨无怒，波澜不惊，暗感欣慰。

到了村子，两人看到白虎举着一个小孩，哈哈大笑，对旁边一个怒目而视的老头说："你不是做官清廉吗？当年一次就杀了我的两个兄弟，还说为民除害。哼哼，今天，待我把你孙子扔入火中，让你这个清官绝后。"说着，就准备扔。

孩子吓得哇哇大哭。

孩子的爷爷一急，晕了过去。

就在这时，只听得一声怒吼，行一拿起了一根木棍冲了过去，他要救下那个孩子。白虎旁边的一个土匪看见，忙用盾去挡，行一一棍戳过去，盾被戳穿了，木棍余势不减，从那土匪肚子穿过，又把白虎扎了个对穿。

白虎望着这根棍子，不相信似的缓缓倒下。白狼山土匪从没见过这种能耐，一声喊，吓得一哄而散。

行一吓傻了，他没想到，给师父凿洞，竟让自己凿出这么强劲的臂力，而且一棍捅死两个人，他磕磕巴巴道："师叔，我——我杀生了。"

智广愣了一会儿，醒悟过来，轻声宣着佛号道："这不是杀生，是行善！"他想，自己是这样想的，师兄一定也会这样想，就连佛祖一定也会这样想吧？

生命的声音

那是发生在一次煤矿透水事件中的故事。

他被困在矿井下,四周一片漆黑。卧在一个几十米高的工作台上,两天两夜了,他的精神已经临近崩溃。

他知道自己这一次是在劫难逃了。

一个人孤零零地身处千米以下的矿井中,没有吃的,没有喝的,更没有一点声音,不用说饿死,憋也会把人憋死。

他听老矿工说过,以往在煤矿透水事件中死亡的人,很少是饿死或窒息死亡,大都是精神崩溃,在救援队伍到来之前,先绝望死去。

一般人是肉体死了,而后精神随之消失;而精神绝望的人,一般都是精神死去,而后肉体也随之死去。

他就属于后者。他放弃了,与其这样孤孤单单地熬下去,这样在孤独中无望地等待,还不如早点死了,早点解脱。

黑洞洞的煤坑里什么也没有,除了死亡的影子紧紧地跟随着他，咬噬着他的肉体、咀嚼着他的灵魂之外，什么也没有。这时，若有一点儿声音，哪怕是对他最恶毒的诅咒，不，即使是一双手打在他脸上发出的声音，也会让他欣喜若狂，从而从恍恍惚惚中醒来，重新振作起来。

但没有，一点儿也没有，连一块土坷垃滚动的声音都不再有。

迷迷糊糊地，他感到光着的膀子上有点痒，下意识地用手去挠。同时，有一个声音响起，声音很小，若有若无，但在他耳中听来，却如巨雷一样惊天动地。

嗡——分明是蚊子的声音。

他悚然一惊，忙坐起来，听着这天外之音，细细的，一波三折，时断时续。一会儿离他耳朵近了，很是清楚，如二胡的尾音；一会儿又远了，像梦的影子，让他努力侧着耳朵去寻。

这大概也是一只饿极了的蚊子，已临近死亡的边缘。他暗暗地叹了一口气。

当这只蚊子再一次落在他的脖子上时，他一动不动。他清晰地感觉到这只蚊子几只长长的脚在皮肤上爬动。接着，似一只管子扎了进去，吸他的血。

他如老僧入定一般，静静地坐在那里，一动不动。

蚊子吸饱了，飞起来了，嗡嗡地唱着，真好听。它飞向哪儿，他的头就转向哪儿。一直到它飞累了，停了下来，他也停止了寻找。他想打开矿灯去看看，可又怕惊吓了它。

这一刻，他的心宁静极了。

他知道，他还活着，他不孤单，也不感到黑暗，至少，这儿还有一个生命陪伴着他。虽然它那么小,可此时,他们互相是对方的全部,包括希望,包括精神,也包括生命。

要活下去,他想,生命之间是需要相互关心的,尤其在患难中更是需要相濡以沫。他相信,外面的工友们一定在千方百计地设法营救自己,他们绝不会坐视不管。

他没有别的吃的,就将煤摄着一点一点往胃里咽。他听说过,有人在煤坑里就曾以吃煤自救过。

此后的五天,他就以听蚊子叫和吃煤延续着自己的生命。

第六天,一道亮光倾泻而下。他得救了。

当他被救出时,耳边依然听到嗡嗡的唱歌声。

他的眼睛被包着,看不见,但他分明感觉到了蚊子飞走的姿势,矫健,优美,绝不拖泥带水。他想,生命是多么美好啊,正是在相互支撑、相互扶持中,才显得丰富多彩而毫不孤单。

断 指

他是一个画家,日日坐在书房中,对着外面的甘露叶,还有木槿花,一笔一笔地画着,他的画清明洁净,无一分烟火气,没一点红尘味。

因此,他的画广受赞誉,尤其当今皇帝,更是爱不释手,想聘请他当宫廷画师,他一笑,拒绝了。他只愿闲云野鹤,悠游山林。

一日,他来到江南,江南山水让他沁润其中,难以离去。

也就在这儿,他遇见了她。

那时,她带着一个小丫鬟,正在湖边踏青。看见她,他呆呆地站在那儿,继而长叹:"我莫一轩枉画了万千仕女,哪有眼前女子这般清秀。"她听了,红了脸,对小丫鬟说了几句什么,小丫鬟跑过来问道:"你就是著名画家莫一轩吗?我们小姐最爱你的画。"

在小丫鬟叽叽喳喳之中,他知道,小丫鬟叫秋月,她叫白画画。

"我们家就在前面,我们小姐请你前去一叙。"秋月指着杨柳荫中一座小楼介绍道。他听了非常高兴,欣然前往。

一来二去,他和白画画从各自的眼睛里读出了对方的情意。

那天,白画画给他弹琴,提出一个要求,用几首琵琶曲换取他的一幅画,而且,是给自己的画像。白画画低着头红着脸说。

不管答应不答应,白画画的琵琶声响起,始如细雨洒林,既而如夏雨飘过湖面,声音清脆圆润,干净优雅。在琵琶声中,他铺开宣纸,拈起画笔,数曲弹罢,一幅绝世名画诞生:一个千娇百媚的女

孩,坐在花树下,十指纤纤,弹着琵琶。

画名叫做《倾城琵琶》。

他端详着画,还有面前的人,长叹一声:"此生此世,画此一画,可以无憾矣。"

他想,就这样一直下去,她弹琵琶他绘画,该多幸福啊。

可是,当他又一次来到小楼时,这儿已楼台高锁鸦雀无声,询问旁人,回答道,这女子已搬走了,去了哪儿,不知道。

他失魂落魄而去,从此日日徜徉酒店,以酒买醉。

一天,当他醉卧酒家昏昏沉沉中,一群人鲜衣怒马而来,当头的是个朝廷宦官,传下圣旨,鉴于莫一轩胡抹乱画,伤风败俗,着即削去右手拇指,以示惩罚。

他酒醒之后,右手拇指已然不见。

没有了右手拇指,他画不成画了,变得一无所有。但他仍不死心,一边在江南讨要,一边寻找白画画,希望有一天遇见她,了却相思。

没找到白画画,他找到了秋月,秋月见到他,惊讶地问:"莫公子还没回家?"

他惊喜地拉着她的手,问道,白画画在哪儿?

秋月叹口气,告诉他,他上了白画画的当:白画画之所以结识他,就是想利用他的仕女画,然后让自己被皇帝所识,"人家已成了贵妃,你还傻找谁啊?"

他听了,浑身如浇冷水。

"哎——"秋月临了,告诉他一件内幕,白画画怕他再为别的女孩画像,所以怂恿皇帝削去他一指,自己实在看不下去,请求出宫,不再侍候她。

秋月还说了些什么,他一句也没听清。

灰心丧气之余,他进了寺庙,剃了头发,当了一个和尚。他发誓,自己一定要重新拿起画笔,右手不行,他用左手绘画,十几个风雨春秋,他的左手画成功了,而且更是风韵独绝,扬名四海。

十几年间,世事变化如白云苍狗。

就在白画画进宫的第十三个年头,敌国来攻,攻陷本朝国都,皇帝惊慌逃走。战乱中,白画画也化妆逃出,又一次流落江南。那日,经过一条河时,水流太急,她身不由己被水流卷去。河两岸没有人烟,远处,只有一个人荷着笠,在山路上走来,见了此景,跳下了水。

经过一番生死挣扎,她被救了。

救她的,是一个和尚,是他。她无处可去,他把她带到寺庙里,找了一间禅房暂时住下。再见到她,他已没有了往日的激情,只是一合掌,问候一声:"女施主安好?"

她点头,深深低下头,道:"你恨我吗?"

他淡淡地道:"因为你,我练成一手左手画,为什么要恨你?"

"那,你感激我了?"她松了一口气。

他仍淡淡地道:"因为你,我失去了手指,为什么要感激你?"说完,默默离开。望着他僧袍飞扬的身影,她流下了泪。

再不久,皇帝收复国都,派人去寻找她,在江南山水间,他们找到了她,可她已出家,成了一个尼姑。站在夕阳下,她一脸素净,如一朵白莲花。

取 经

沙漠上,有落日,有风,还有一粒黑影在动:那,就是他;当然,还有一峰骆驼。

骆驼背上有干粮,有水,还有书。

一人一驼,在沙漠上踽踽慢行。驼铃响起,叮当,叮当,远远传去,水一样清澈,但又有些孤独、苍凉。

他停下,向远处望去,视野之内茫茫一片,全是沙漠。但他心里清楚,沙漠深处,有一片绿洲、一群人、一个部落。

他坚信,那儿需要他。

当那个探险家九死一生,从沙漠走出,回到中原后,告诉他,沙漠中有一片绿洲,有一群蒙昧的人,他们没有知识,不知文化,整日以抢劫为生。他听了,坐不住了,停止了讲学,带着一大捆书籍出发了。

跟随他的,是两个忠实的弟子。

可是,没过多久,第一个弟子不见了。那个弟子去探路,一场大风沙，遮天蔽日，风沙停止，那个弟子没了踪迹。他和另一个弟子整整找了一天，什么也没找见。

那个弟子仿佛蒸发了。

"师父，回吧，太危险了。"弟子劝他道。

他摇头，很坚定。

"师父，再这样下去，我们也会死的。"弟子苦苦哀求。他仍摇头，一步步向前。弟子哀叹一声，紧随其后。

当晚，他一觉醒来，没了弟子人影。地上，用石头压着张纸，借着月光，上面有一行字：师父，我走了，不想死，希望你也早点回头。

此后，沙漠上，只有他，一峰骆驼，一串驼铃。

半月后，他来到一个风蚀的石堆旁，爬上去，向远处望去。夕阳，把他的影子拉得长长的；风，吹着他破旧的衣衫，猎猎飞扬。

隐隐地，有人喊马嘶声传来。

他笑了，绿洲不远了。

不一会儿，一个马队打着呼哨出现，奔到他跟前道："哪儿人？"

他介绍，自己是从远方来的，来传播文化的。

"文化？什么是文化？"带头的大胡子问。

"文化值很多银子吗？"另一个瘦子满眼贪婪。

他忙说，文化不值钱，可没文化不行。大胡子越听越糊涂、越听越烦，一挥手道："弟兄们，老家伙神神道道，是个疯子，别听了。去，把骆驼拉走。"几个人一哄而上，扯过骆驼就走。

"别，求你们。"他忙喊。

禅说处世

那些人不理他，他退而求其次："把书给我吧。"

大胡子听了，翻开包袱，看看那书，扔在地上，带着马队绝尘而去。

又一轮月亮升起，照在沙漠上，明晃晃的。他卧在书旁，很冷。沙漠的冬夜，滴水成冰，他取暖的毯子也被抢走了。伸伸冻僵的手，他抽出本书，打着火石，准备燃着。可是，望着书，他长叹一声，又收了起来。

在刺骨的寒冷中，他沉沉走入无边的黑暗中，一动不动。第二天，太阳升起，他仍保持着那个姿势，死了。

他的尸体被绿洲人发现，和书一块儿带到首领面前。绿洲首领——那位马队的大胡子，见了尸体和书，睁大眼道："这不是那个疯老头吗？他冻死了！"然后，他拿出一本书，试着用火一点，着了。

"拿着引火的东西，他竟冻死了，疯子。"大胡子对着火光哈哈大笑。

"疯子，真正的疯子。"大家异口同声道。

他被埋在村外，书，被大胡子分给大家，做了引火物。

几千年后，在早已不是绿洲的沙漠上，考古人员挖掘出一个简陋的墓坑，发现一具干尸，是个老人，面带微笑，与死前一模一样。干尸被陈列在博物馆内，每个进馆的人，掏三十元钱，就可以欣赏到他的微笑。

可是，至今，连最博识的学者也猜测不出他为什么微笑。

山顶的月亮

他是一个弃儿,被师父收养。那年,他三岁,成了寺里的一个小沙弥。师父敲木鱼,他敲师父头,声音和木鱼一般,"梆梆"地响。

笑声,也随之飞起,稚嫩如一枚草芽。

师父莞尔,从不责备。可是,幸福是昙花,盛开,在一刹那;凋谢,也是一刹那。五岁时,师父圆寂,死时,手在他小小光头上摸啊摸啊,摸出两滴泪,闭了眼。

这个世界上,从此,他孤身一人。

他也有师兄,并不呵护他,把小小的他当成庙里差役,让他烧水;让他拿洗脚盆;让他上山拾柴,不拾,是不能吃饭的。

慢慢地,他知道,世界多的是丑恶,是狠毒,还有背叛。清露霜晨,雪天或雨里,小小的他总会在山间行走,背上,是一捆柴。

有时，他会来到师父塔前，悄悄哭一鼻子。也有时，他会望着天边的夕阳，默默地猜想自己的身世，还有狠心抛弃自己的爹娘。

痛苦，悲伤，如沉重的包袱，紧紧系在他背上，怎么扔也扔不掉。

一天，他又吃不上饭，因为，他没完成早课。

他悄悄走出寺庙，肚子"咕咕"地叫。他在山林中寻找，希望能找到一点果实。可是，此时是冬天，白雪遮盖了一切，包括山石、树木和鸟兽的脚印，更别说果实了。

这时，他看见了她。

她和他一般大，一笑，小小的虎牙露出来，很美。她手里拿着两个馒头，亮亮的眼睛望着他，问："小师父，你找什么？"

他抬起头，望着她的手，还有手里的馒头，吞了一口口水，说："我肚子饿，我找吃的。"

那时，他称自己为"我"，还不会称"小僧"。

她伸出手，洁白的馒头递到他手上。他大口吃起来，呛

住了，抓一把雪塞进嘴中。她见了，快活地大笑起来。

他也笑起来。

在雪地里，她挥动着胳膊，跑了。他站在那儿，望着她的背影慢慢消失在眼前，觉得很美很美。

他站在无限的美中，不想回去，一直到东边天空一轮圆满的月亮升起，庙里的钟敲起来，才慢慢回到寺庙，回到现实中。

以后，他才知道，她家就在附近。

随着年龄渐大，他会看到她在田间走过的身影，还有洗衣时手撩起的水珠和清亮亮的笑声。

看到他望着自己，她会一笑，道："小师父好。"

"阿弥陀佛，女施主，小僧有礼了。"他红了脸，慌忙双手合十。她用手指捂住嘴，可是，怎么也捂不住一串笑声,然后,转身,匆匆跑了。

他望着她的背影,一直望到东山顶上,升起一盘月亮。

在苦难与枯燥中,时间如水,他长成一个眉眼青葱的和尚。

那一日,他下山化缘,刚走到路口,一队锣鼓伴着一抬大轿,吹吹打打,走了过来。他闪在路边,轿子经过,轿帘被风掀起,她的脸儿,如满月一样一闪。

他呆住了,她,做了新娘子。

他感到天地之间,凝固如洪荒。

那是个乱世,土匪猖獗。那天,恰好一队土匪进村抢劫,闯了过来,抬轿的,还有新郎一哄而散,各逃性命。她从轿里摔出。他忙上前,扶起她。

土匪们没劫到东西,不过,劫到一个美女也不错。

他看到她被带走,也跟了上去。

她被带着,向远处走去。土匪们望着她,色迷迷的。当又一次歇息时,他走上前去,对土匪头子说,自己是个住持,聚了很多庙里的财宝,换了银票,藏在一个地方。

土匪们红了眼,围上来。

他一笑,指指她,说这银票只有自己和她知道,她是他相好的,可以让她去拿。

她不来咋办？土匪头子问。

贫僧在这儿做人质，她一定会来。他笑着说。

土匪们商量好，以黄昏为期，她不回来，就杀他。

他点头，让她走了。

黄昏慢慢到来，夕阳把天边烧得血红。可她没来，土匪们围住他，问为什么。

她不会回来了，因为，本来就没有银票。他仍微笑着。

土匪们红了眼，指着旁边的那个大湖，让他自行跳进湖中淹死。他没说什么，站起来，整整袈裟，微笑着走向湖水。湖水接纳了他，淹没了他的脚，淹没了他的腰。

土匪道："花和尚，为个寡情女子，死也白死。"

他微笑道："七岁时，在一片罪恶中，她让我知道了什么是善。今天，贫僧能为善而死，死得其所。"说完，双手合十，慢慢走入湖中，湖面冒出一串水泡，恢复了宁静。

土匪们互相望望，走了。

东边的天空，一轮圆月升起，亮亮的，照着宁静的湖水。

远处，一个身影跑来，月光下，传来声声呼喊："小师父，我——我回来了——"声音飘过，摇曳一线，在白亮亮的月光下婉转。

第二章

境由心生

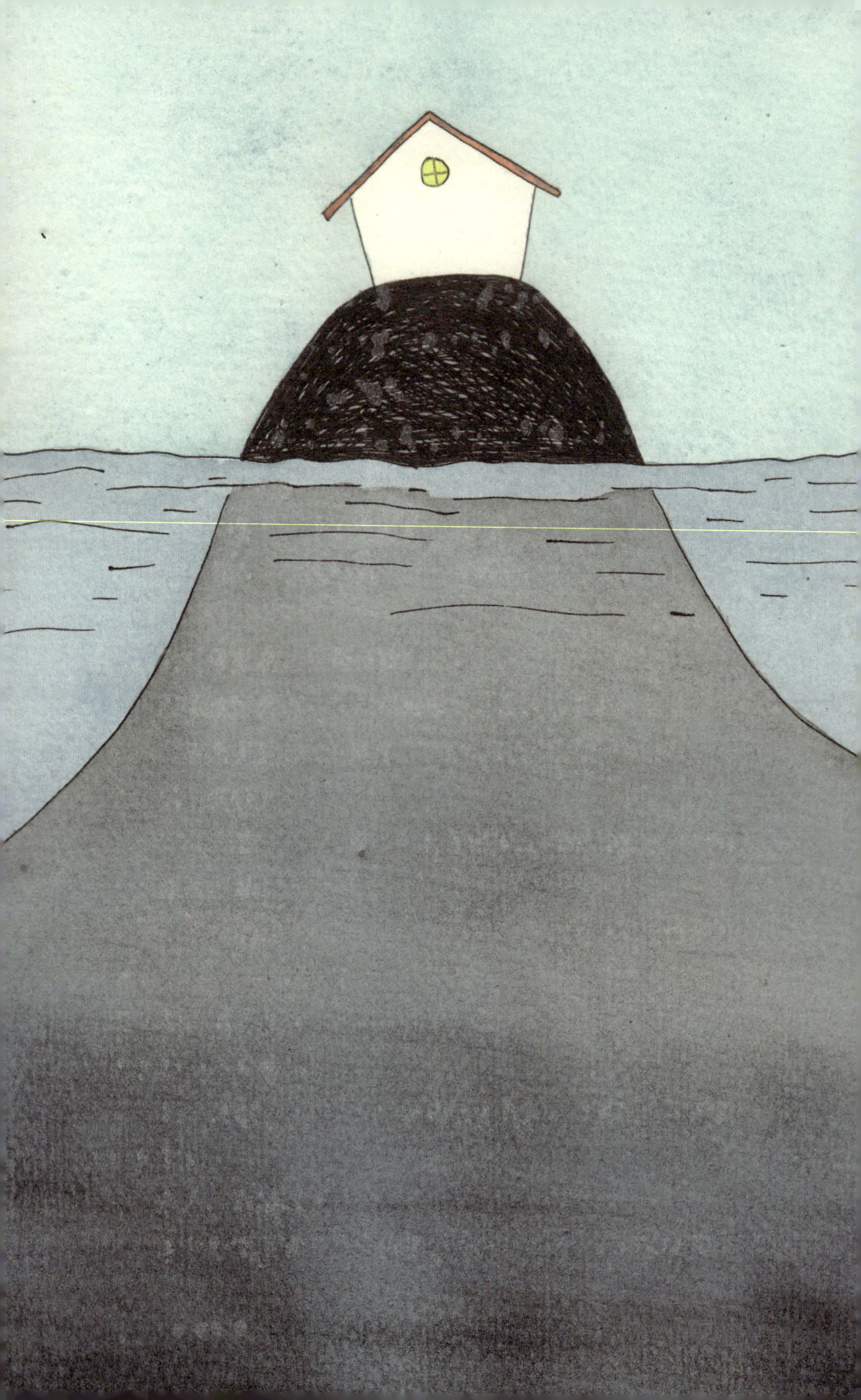

射中良心

漫川是个小镇。它的东边是一座山峰,山腰上有一带粉墙黛瓦,也有钟声传来,在向晚的光中,当当地响。

这儿,有一座寺庙,叫南岩寺。

那时,是个乱世,土匪时时出没,不只是抢民家、抢官府,也抢寺庙。南岩寺也受到过土匪们的光顾:一次,土匪们没抢到东西,很扫兴,一把火将南岩寺点将起来,如不是和尚们救得快,偌大一寺,只怕已经夷为平地了。

南岩寺方丈空禅师迫切地感到,寺里应组织一批僧人,练武自保。

和尚不缺,可缺教练。

空禅师决定,从外面聘请教练。

一日,有一个汉子上门,一脸胡子,背着个斗笠,进门一作揖,自我介绍叫龙海,十八般武艺样样精通,尤其祖传箭法,百步穿杨,百发百中。

空禅师让茶，然后数着念珠，半天问道："你知道张一刀吗？"

龙海点点头，张一刀谁不知道？他是方圆几百里的有名大盗，仗一柄刀，领一群土匪打家劫舍，这家伙特别射得一手好箭，说射你左眼，绝不射右眼。只是，很少有人见到他真面目，他抢劫时，总是以黑巾遮面。

最近，张一刀不知怎么的，看中了南岩寺，想占住这儿，落草为王。所以，就给空禅师来了一封信，让空禅师交出寺院，不然，就血洗寺院。

这也是空禅师组织僧人、聘请教练的原因。

空禅师说出张一刀的名字，关键是为了点醒龙海，你估量一下，看你的能耐有张一刀厉害没有，如果没有，趁早算

了,别枉自送了性命。龙海大概也看出禅师的不信任,笑了笑,拿过一个僧人手中的枣木棍,舞得风车一般,呼呼地转,然后,让两个僧人朝他身上泼水,结果,身上没有一点水星,唯有鞋上湿了一点。

龙海一笑,说是吗?再仔细看看。

大家听了,近前一看,原来是鞋子上面破了个小洞。大家不由得鼓掌叫好。

但是,空禅师仍皱着眉:张一刀的箭法太高明了,空禅师仍怕龙海对付不了。

龙海撇撇嘴,不屑一顾道:"你放心,有我在这儿,张一刀不来便罢,来了,我只需一箭,让他从此不再说话。"龙海不这样说还罢,这样一说,空禅师更是摇起头来,不想聘用他。

正在此时,只见空中一只鹰飞过,追赶着一只飞鸟,不一会儿抓住了,空中羽毛纷飞,惨叫声声。龙海一笑,抽一支箭,搭上弓,扯圆了,喊一声"着",在众人惊叫声中,两只鸟儿一起落下来,掉在空禅师面前。空禅师见了,连声念阿弥陀佛,道:"一箭两命,罪过啊罪过。"

原来,空禅师怪龙海杀生。

如果不是其他和尚纷纷求情,当时,空禅师就会让龙海下山。最终,看在大家求情的份上,空禅师才勉强留下他。谁知,那天下午,龙海的箭就派上了用场。

下午,突听一声呼哨,一队土匪冲到庙外,一个个举着刀枪,杀气腾腾的,放出话来,让庙里交出财物,不然,一把火烧了南岩寺。龙海听了,高兴了,毕竟英雄有了用武之地。他拿刀挟弓冲了出来,一抬眼间,看到一只苍蝇落在当头那个土匪头子的鼻尖上。这个家伙挥动着手,赶了几次也没赶走。龙海一笑道:"兄弟,别动,我给你赶。"当苍蝇再次落在那人鼻尖上时,龙海一侧身,拉弓放箭,喊声"着",一支箭贴着那人鼻尖飞过,那只苍蝇不见了。

那群土匪发一阵呆,叫了一声,一哄而散,跑了。

空禅师见了,走过来,连连宣着佛号道:"阿弥陀佛,居士,你过关了。"

龙海疑惑地望着他。

空禅师满脸慈祥道:"箭是死的,良心是活的,你没射他们,有佛心啊。"空禅师拉着他的手,长叹一声:"人不是走投无路了,谁干这个啊?"

龙海呆呆地站在那儿,然后突然跪下,道:"大师,我——我就是张一刀啊。"

原来,张一刀给了空禅师信后,听说空禅师聘请教练,指导武僧,他马上想出一法,改名龙海,试图去当上教练,然后里应外合,夺下寺庙。当空禅师不想让他留下时,他想出一法,即捎信让手下人来横闯寺庙,然后自己作为一个保护者出现,这样一来,还怕空禅师不留他?

他当然不能射自己的兄弟,而是灵机一动,射中苍蝇。他却没想到,空禅师用一番慈悲语言,射中了他的良心。

不久,他解散了手下,只身来到南岩寺出家,拜在空禅师座下,佛号智藏。

神医和尚

过去的读书人,有几个不是医生?背着青囊,看书,也看病,应试、行医两不误。

吴方周就是这样一个书生。

吴方周乃江南世家子弟,祖上吴一甫,一筒银针,几副草药,祛病疗伤,应验如神,所以人称吴菩萨。门上大书一匾:金针度世。

当然,江南人没见过圣手吴一甫,吴方周的手段却不少见。

一日,一孕妇难产,血流如水,婴儿仍迟迟不见出来。时间一长,孕妇断了气,婴儿看来也得胎死腹中。接生婆连声念阿弥陀佛,已无他法。这时,一人青帽长衫施施然而来。孕妇正在入殓,那人拦住道:"人还活着,有救。"

别人不信,明明已死了一个时辰了。

那人拿一根香，点着，放在孕妇鼻端，烟袅袅升腾略作歪斜状："死了还有气？瞧，烟在歪斜呢。"说完，抽一根针，一针从孕妇人中插入。孕妇妈呀一声叫，醒了。孕妇的丈夫喜极而泣，"咚"地跪下，叩头如捣蒜，请神医无论如何再救一下未出生的婴儿。

那人把耳朵贴在孕妇肚皮上倾听有顷，又拿出一根针，半尺长，在孕妇腹中摸摸，一针下去，又迅速抽出。孕妇肚中一阵胎动，一会儿，一个女婴落生，"咯儿咯儿"直哭，耳尖上，有针孔的洞眼。

那人一笑道："这小家伙，在胎内睡着了。"然后，收了针飘然而去。

这人，就是吴方周。

吴方周杏林扬名，却科场蹭蹬，自少年考起，一直到五十多岁，才考中进士，做了一任知县。

吴知县挂着药箱走马上任，到了衙门，忙时处理公事，闲时为病人治疗：两年下来，官做得不是多好，但也不坏。

那日，吴知县在后堂看书，门外，惊堂鼓响声如雷。

吴知县扔了书，穿上官袍，坐堂审案，来的是两个男人，一个姓白，一个姓王，原来，王家的女孩，指腹为婚，小小的就配给了白家的男孩，可是，王家女孩大了，却看不上白家男孩，爱上了同村另一个小伙子。

白家一怒，就把王家告上了县衙。

吴知县一听火了，一臣不事二主，一女不嫁二夫，天下事岂有此理？一旦认为是正确的，吴知县办起案来雷厉风行。

所以，他捋着须，对姓白的道："我给你撑腰，你放心。"

姓白的叩头如捣蒜，连称吴老爷是包青天。

吴知县心里很受用，索性好事做到底，吩咐，你快回去给儿子完婚吧。

白家男人无奈道，可那女孩不愿意啊。

吴知县一拍惊堂木，叫来差役们，拿着老爷的判决，去催促王家女孩上轿，实在不行，以有伤教化罪把她父母枷上。

白家人很高兴，爬起来，随着差役走了。

吴知县回到后堂，接着看书，刚看几页，一个差役跑回来，说老爷，不得了了，出人命啦。原来，那女孩被逼无法，一头跳入水塘中，被救起来时，已死了。

吴知县官服也顾不得换，背起药囊，径直向女孩家赶，女孩躺在床上，一动不动。吴知县用香烟试呼吸，用银针扎人中，无济于事。

人已死僵了。

他叹口气，突然，眼睛盯在女孩右耳朵上，上面有一个小小的洞。

他想起自己所救的女孩，呆若木鸡，慢慢走了出来。

里面，传来哭声，是女孩父母的声音，千"狗官"万"狗官"地骂，女孩的父亲冲出来，不是差役阻挡，吴知县的身上很可能会挨几下。

他没理会这些，泪流满面道："骂得好，我是个狗官啊。"

当天，回衙，他写了辞呈，挂了官印走了，没人知道他去了哪儿。

不久，江湖上出现一个和尚，挂一个药囊，金针度世，从不留名，世人称他神医和尚。

小瓜和尚

小瓜下山那年,十八岁,是个眉眼青葱的和尚。

小瓜正走时,一只风筝飞起,飘啊飘的,落在树枝上。小瓜看见,很是喜欢,一跃身上去拿下风筝。

小瓜轻功很高,落雪无痕。

拿着风筝,一袭栀子花香淡淡冲入鼻端,真好闻。

随着香气,一个女子走来,一笑,江南花草都开了,绿了。女子一笑说:"小和尚,把风筝给我好吗?"小瓜送出风筝,忙缩回手,脸红了,心也跳了。

十八年来,小瓜第一次见到女人。小瓜想,女人,真好!

"谢谢。"女子一笑,甜甜的。可小瓜仍不理女子,向后退了一步。

"怎么,怕我?"女人瞪大眼睛问。

小瓜嗫嚅道:"女人像老虎呢。"

"像老虎?"

"师父说,女人像老虎。"小瓜双手合十,红着脸说。女子咯咯笑了,亮汪汪的眼睛睇了一下小瓜,很水的眼光,道:"我像老虎吗?"

小瓜摇摇头,不像,山中老虎多猛,这女子是老虎的话,自己宁愿被老虎吃了。小瓜知道,自己不该这样想,师父知道了会责备的,可是,小瓜又禁不住不想。

他想,他得走了,不然佛祖会怪罪的。他刚迈步,女子

"哎"了一声。他回头，女子说："小和尚，别走。"

他就不走了，双手合十，直直地站在那儿。

女子说："帮帮我，好啵？"女子说"啵"，像水泡"啵"一声荡开，小瓜心中一层层水纹荡漾，摇曳生姿。本来，他准备摇头的，可是竟不由自主地点了点头。

女子说，王尚书府上有一幅卷轴，是她家的，红绸包着，希望小瓜给拿来。小瓜一听，当即答应了，他下山，就是行侠仗义的。

当晚，小瓜仗着一身轻功，进了王尚书府，按照女子介绍，拿到卷轴，交给女子。女子接过卷轴，娇媚一笑，挥挥手，走了。

江南山水，顿时黯淡下来，雁叫云低，一片凄迷。

小瓜的心中，忧伤如梅雨连绵，没有底止。

他一路行去，无精打采。沿途所见，人心惶惶，朝廷军队纷纷败退。原来，朝廷出兵时，计划已外泄，中了敌国埋伏，一战大败，边疆形势岌岌可危。

小瓜和尚的心里，更是沉沉的，愁云弥漫。

那日，来到一处店里，刚租下房子，眼前一亮，那个女子又出现了。小瓜和尚眉眼闪了一下，又忙低头念佛。女子问："小和尚，不认识我了？"

小瓜轻声问："施主有事让小僧做？"

女子一笑："不可以想你啊？"

小瓜脸红了，朝外一望，问："那是谁？"女子一回头，身上一麻，被小瓜点了穴道。女子睁大了眼："小和尚思春了，劫色？"

小瓜脸又红了，忙摇着手道："你是奸细。"

那次偷画之后，不久，朝廷军队失败，原因传出，是王尚书府上作战地图丢失。小瓜和尚一听，大汗淋漓，知道自己上了女子的当。

"不傻啊，小和尚。"女子眼光一漾，"不喜欢我？"

小瓜望了一眼女子，低下头轻声道："喜——喜欢。"

"放了我，我嫁给你。"女子柔声说。

小瓜摇摇头，不发一言。

突然，星光一闪，一支镖从窗户飞来，打中女子。女子惨叫一声，倒在地上。小瓜冲出去，不见一人，又跑回来，望着女子。女子脸色渐渐变黑，惨笑道："是我的同伙，杀人灭口。"

小瓜随师父学过疗毒，一看女子，就知中的剧毒，唯一解法是吸毒。他撕开女人脖领，对着后背伤口吸起毒来。

"别，你——你会死的。"女子惊叫。

小瓜不理，一口口吸着，一直吸到黑血变红为止。这时，他感觉头晕沉沉的，倒了下去。女子抱起他，流着泪问："为啥救我？"

"爱你！"他喃喃道。

"可——为啥抓我？"女子泪落连珠子。

"你是奸——奸细。"

说罢，小瓜咽了气。女子泪水一颗颗落下，落在小瓜脸上。她轻轻在小瓜已变黑的脸上亲了一下，站起来，一步一步走向当地县衙。

自首，是一种最好的忏悔。她想。

夺 经

黄店是个小小的村子,隔一条河,有一座崖,高耸云天。崖半腰上有座小庙,叫观音寺。观音寺很小,寺里有两个和尚:一个老的,明海法师;还有一个小和尚,出家前俗名吴宝,黄店村人,当了和尚后,明海给剃了度,法号宝和尚。

一师一徒,敲着木鱼,诵着经文,守着小庙。

不知何时,有外界传言,别看观音庙小,可有镇庙之宝:当年三藏和尚西去取经,路过小庙,挂过单——行脚僧到寺院投宿——在小庙中住过,临行,写过佛经一篇,放在此寺。

消息一出,小庙再难安静。

一时,盗贼纷纷,光顾小庙,可惜,一个个趁兴而来,败兴而归。庙里,除了两个和尚,什么也没有。

那夜,月色如霜,一个蒙面人一闪,进了明海法师禅房,刀子一摆,架在法师脖子上。

"阿弥陀佛,施主如此,为了何事?"老法师疑惑不解

夺经 63

地问。

那人嘿嘿一笑,闷着嗓子道:"拿出那篇经文,不然,一刀两断。"

明海法师听了连连摇头,表示没有。

那人一笑,恶狠狠地道:"老和尚,你想学你的弟子。"

"他——他怎么啦?"明海法师胆战心惊地问。

黑衣人道:"问他经文,他不回答,我一刀劈下,送他上了西天。"说完,黑衣人弹刀大笑,嘎嘎刺耳,在月下格外惊人。

明海法师无语,低声诵经:"阿弥陀佛,罪过罪过。"

"告诉我,经文在哪儿?"蒙面人阴森森地问。

明海法师仍摇头,过了一会儿问:"你要经文,究竟干啥?"

"卖钱。"

"经乃诵佛,不为卖钱,以经卖钱,亵渎佛祖,罪过罪过。"明海法师如对弟子,讲起佛法。黑衣人大怒,手一伸,"咔嚓"一声,明海法师左胳膊脱臼。法师脸色惨白,可咬紧牙关,不哼一声。

黑衣人无奈,狠狠道:"不说是吧?"

明海法师依然摇头,一言不发。

黑衣人道:"两条路,要么给经,要么跳崖而死,粉身碎骨,死后也难入西天。"

明海法师无言,慢慢站起来,左手侧端着,右手数着念珠,一步一步走出禅房。蒙面人跟在后面,手拿刀子,紧紧相逼。

观音寺沿崖凿洞,依岩建成。外面,没有院墙,三尺之外，就是万丈悬崖，从此下去，粉身碎骨，再无生机。

到了岩旁，明海法师依然一脸淡静，数着念珠。

"老和尚，死脑子。"蒙面人气急而骂，伸脚去踢，明海法师轻轻一闪，黑衣人一脚踢空，再加上白天刚下过大雨，泥湿地滑，一脚没踩住，一声惨叫，头上脚下向崖下直飞下去。

明海一见，眼光一亮，已不见龙钟之态，一声大吼，随手抓起地下一根葛藤，顺手向下一甩，葛藤一卷，卷住黑衣人一只腿。明海法师提着葛藤这端，使劲一抖一扯，将蒙面人提了上来。电光石火间，蒙面人二世为人。

蒙面人汗珠滚滚而下，待了一会儿，突然跪下叩头道："法师，你这么高武功，为什么当时不出手啊？"

明海法师长叹一声："你也是生活所迫啊。"

"你——我杀了你的弟子啊，你不仇恨我？"黑衣人问道。

"他没死。"明海法师数着念珠，微微一笑道。

"在——哪儿？"

"你就是。"

蒙面人无言低头，揭下面纱，正是宝和尚。

原来，从吴宝剃发入寺，明海法师就知道他为佛经而来，今夜不见他人影，也没听到打斗声，所以，知道他没被杀，也断定来人就是他。明海法师告诉他，庙中有三藏手抄经，实属空谈：三藏法师西来时，还没有观音寺呢。

宝和尚听了，满脸通红道："师父，能原谅弟子吗？"

法师呵呵一笑，告诉他，佛祖都原谅有错之人，何况自己。

宝和尚从此留在庙中，一心向佛，再无他念，终成一代大师，被后人称为宝大师。

夺经

寻 宝

他很年轻,二十二三岁,是圆觉寺的和尚,法名了悟。

始终,他守着佛堂。念经,在佛堂;吃斋,在佛堂;就连睡觉也不离开佛堂。外界传说,佛堂中有无价之宝。

他听了,一言不发,依然敲着木鱼,诵着佛经。

那夜,月明如霜,一叶轻坠,一条纤细的黑影闪了进来。

他的心,轻轻一颤,他嗅到了淡淡的栀子花香。

那个人影闪进来,寒光一闪,一把剑架在他的脖子上,大声吼道:"和尚,交出宝物,不然,让你上西天。"声音寒寒的,透着冷气。

他摇着头,闭着眼,敲着木鱼。

"交出来!"对方再次狠狠地吼道。

"阿弥陀佛,小僧一贫如洗,哪来宝物?"他轻声道。

对方一剑,他的一截手指落下。他一声不哼,依然轻声诵着佛号。对方愣了一下,道:"拿出宝物。"

他仍摇着头，不发一言。

对方气得骂道："死和尚，一根筋。"然后，一声哼，身子一闪，走了，消失在月夜中。

他睁开眼，望着白亮亮的月夜，一声长叹。

再一次面对这个寻宝人时，是又一个夜晚。

仍是那个黑衣人，一叶如坠，进入庙中，到处寻找。黑衣人想，那传说中的宝物，看样子不在小和尚的佛堂中，大概在别处吧。仗一柄剑，一身功夫，她搜遍寺庙的每一个角落。突然"哐"的一声响，一道铁门落下，黑衣人被关在其中。

她抽出剑，砍门，不动；挖墙，是山岩。

她绝望了，看样子，自己会死在这儿。她蹲在那儿，满心绝望，等待着死亡的来临。

就在这时，铁门开了，一个和尚走来，正是了悟，说，走吧，跟着贫僧。飞贼默默跟在后面，到了门外，了悟一稽首道："女施主，别找了，宝物在贫僧处，有一天贫僧会给你的。"

"你怎知我是女的？"飞贼惊讶道，她一直都哑着嗓子。

"你身上的桅子花香，贫僧一嗅就知。"和尚低着头轻声道。

她脸红了，这和尚，也忒细心。她望着和尚："真会给我？"对宝物，她仍没放弃贪心，有种占有欲。

了悟点头，很肯定。

她递给他一只飞鸽，告诉他，如果想给自己时，飞鸽一放,她就会来拿宝物。

他接过飞鸽,合十点头。她竟然妩媚一笑,闪身走了。

他的心,扑通扑通直跳。

不久,她就接到飞鸽,赶到了寺庙里。

庙里,了悟已经奄奄一息了,是一个叫"无影手"的盗贼来寻宝,抓住了悟,索要东西,没有得到,失望之下,大怒,一刀插入和尚胸中。

她赶到,了悟见了微微一笑,从木鱼中掏出一卷纸,递给她,轻声道:"这——这就是那宝物。"

她带着好奇心,慢慢打开纸,是一幅画。画面中,一个女人,仗着一柄剑,从一头饿虎嘴里救下了一个青年。

她见了,泪流满面,一生之中,她做尽坏事,仅仅做了一件善事,就是在虎嘴里救出一条人命,竟然被画了下来。她看着画,瞪大眼望着了悟:"那个青年就是你?"

了悟点点头,告诉她,当年自己被救时,曾经嗅到,她的身上有淡淡的栀子花香。所以,那晚她一出现,嗅到栀子花香,他就知道是她。

他带着感激的心情,断断续续说完,头一歪,咽了气。

望着他,她的泪水流了出来。她没想到,自己仅仅做了一件小小的善事,竟被他画下来作为宝物珍藏着,并为之献出生命。

她轻轻阖上他的眼,轻身而去。

几天后"无影手"被人绑着,投入县衙大牢。做罢这事,她飘然江湖,从此,江湖中出现一位大侠,是个尼姑,身上泛着淡淡的栀子花香。

佛在方寸间

一匹骆驼，两个人，从夕阳下踢踢踏踏而来。一个是师父，一个是徒弟，师父是在徒弟的要求下，准备去雷音寺寻佛的。

沙漠好大啊，一眼望不到边，没有树木，没有草，没有水，甚至没有鸟鸣。他们在沙漠里已走了好多天，可是，至今仍不见沙漠的边缘。

天又黑了，师徒二人决定原地宿营。师父盘腿而坐，一掌竖起，一手数着念珠，做起晚课。弟子道："吃点斋饭吧。"他打开袋子，里面的食物渐渐见底了。师父念罢经，道："你吃吧，我不饿。"

弟子道："真的不吃？"

师父点点头，无言躺下。

弟子拿出食物，大口吃起来，太饿了，虽是冷饭团，可仍津津有味。师父悄悄睡了，打起鼾声。月光照在身上，一片恬静。

弟子在心中哼一声，装模作样。他知道，等他睡后，师父就会起来，就会从自己袋中掏出食物，悄悄地吃着：一连三天了，都是这样，错不了。

一个师父，抛开弟子吃独食，佛祖——佛祖在那儿？还大德高僧呢？弟子一脸鄙夷，用罢斋饭，也睡下。

沙漠里，只有月光，一望无际。

弟子猜得没错，师父轻轻咳嗽一声，发现弟子已睡，发出均匀的呼吸声。师父悄悄从怀中掏出食物吃起来，啧啧有声，怕弟子醒来发现，他一直都侧着身子，躲在暗影中。

弟子的眼角，落下两滴泪。

又一轮太阳升起时，他们上路了，弟子边走边问师父，佛在哪儿？师父喘着气，告诉他，佛在这儿。一边说，一边指着心。

如果，一个人撇开另一个人，独吞食物，这人心中有佛吗？

师父摇头，一脸灰白。

如果，是师父撇开弟子呢？弟子板着脸说。

阿弥陀佛！师父不答，宣声佛号。

弟子说，师父，我告诉你，这人该下地狱。弟子不忍心说，可又忍不住要说，不然，憋得难受；不然，他一见师父那脸悲天悯人样，心中就憋得慌。

师父越走越艰难，一步一步挪动。弟子白白眼，心想，装吧，打中要害了吧。

他没扶师父,当前先行。

师父是上午倒下的,张大了嘴,想喊,没喊出来。他心里有点后悔,觉得自己过分了,一个老人,偷藏点可口的食物,自己实在不该那样。

他道,师父,我错了。

师父微笑着,摇着头。他让师父喝水,师父不。让师父吃东西,师父也摇头。师父就那样盘腿坐在沙漠上,双掌合十,一脸佛样。

他一摸,师父已没了呼吸。

师父!你怎么啦?他大声喊,泪流满面。他始终不解,师父究竟是怎么啦,怎么突然圆寂了。

他轻轻摘下师父身上的袋子,倒出经文,同时,倒出师父藏着的食物——一个风干的馒头,坚硬如铁,上面有白白的牙印。

这,就是师父偷吃的东西。师父人老牙松,咬不动,才会发出啧啧的声响。

师父是饿死的。

师父一直不吃食物,是想留给自己啊。他抱住师父尸体,号啕大哭。

第二天,弟子没再去雷音寺,他带着师父的骨灰,回到中原,回到古刹,每天坐在佛塔前,念经参禅外,就外出行医。在师父身上,他领会到,佛不在雷音寺,而在自己方寸之间。

寻找佛财

满山乱石中,有块石头很大,五六间屋子的样子。石作青黑色,蒙茸着青苔,上长几棵树,瘦怪,铁硬,用手一敲,叮咚作响。这块巨石,被一个老和尚相中。老和尚是一个傍晚来的,一件袈裟,披着一层夕阳,围着这石转了几圈,轻轻抚摸着,双手合十道:"阿弥陀佛,好石啊好石!"

于是,老和尚在石旁搭了一间茅庵,住了下来。

于是,一早一晚,石旁响起了木鱼声,还有叽里咕噜的诵经声。

老和尚是从四川来的,驾着一辆密封的牛车,不知拉的什么,很是神秘。我无事时来到这儿,笑着问他:"老师父,那是什么啊?"老和尚双手合十,诵了声佛号:"阿弥陀佛,没什么!"

我就笑,笑出家人说谎,笑老和尚不老实,睁着眼睛说瞎话。

老和尚不说话，默默数着念珠。胡须长长的，在风中飘扬着。

住下之后，诵经之外，老和尚每天都会搭个梯子，拿着铁钎和锤，在石山半腰上凿洞。石很硬，一锤下去一个白点，再一锤下去仍是一个白点，一天下来捣鼓出一个小洞。我走过去，侧着脑袋看了半晌儿，问干什么。他说，藏经书。

我一听，又笑起来，老和尚以为我傻，以为我容易骗呢。我是谁？这一带有名的神偷，眼睛贼着呢。从老和尚驾着一辆车来到这儿，我就盯上了他，就以神偷的眼光断定，这是个富和尚，富得流油的老和尚，车里不知装的什么财宝，想凿洞藏起来呢。

佛财，见者有份。我这样想。

可是，老和尚城府很深，隐藏得很深，我明里暗里观察，愣是没发现什么破绽。

那一天，突然起了一场火，老和尚的茅庵着了，呼呼一片火焰。我忙扑进去，流着汗，帮着抢东西。老和尚阿弥陀佛也顾不得念了，一连声地道："快，抢经书，抢经书。"我眼睛一亮，忙点点头，抱起一摞经书跑出来。经过一番忙碌，经书抢出，茅庵成了一堆灰烬。

这火，当然是我放的：我想趁火打劫，捞上一把。

结果，我仍失望，没发现任何财宝。

我不死心，这个老和尚，做事这般神秘，没有财宝，哄鬼鬼也不信。于是，每天，我都粘在老和尚旁边。我想，老虎也有打盹的时候，我就不信得不到自己想要的东西。

寻找佛财

崖洞终于凿成，老和尚把经书一摞摞放了进去，然后，捋着白白的胡须，长长地叹口气，好像放下了多大的心事似的，很是轻松。

几天后，他就圆寂了。

圆寂前，他叫来我，端坐在那儿，断断续续讲出一个绝世秘密，他确实有一笔价值不菲的宝物，藏在一个谁也找不到的地方。我一听，眼睛放光，如狼看见猎物一般，一把抓住他的手，连声道："快，快告诉我啊。"老和尚说，宝藏的秘密记在经书中。说完，闭了眼，停止了呼吸。

我叹口气，埋葬了老和尚。

我相信，老和尚说的是事实，不然的话，火灾那天，他不会什么都不顾，唯独记挂着那一摞摞的破书。

我沿着梯子，走进了藏经洞。洞有半间屋子大，里面堆放的是满满的书，都是经书。为了那笔宝藏，我耐下性子，不再外出偷盗，每天吃罢饭，就坐在洞里翻读经书，一字不漏，希望从中找到那笔财宝的线索。

十年，整整十年，我读完了洞内所有的经书。

十年后，我终于明白，老师父圆寂前所说的财宝不是别的，就是这些经书。正是这些经书，在十年里，让一颗贪婪的心走向平和，走向宁静，如一朵莲花，在欲望的泥潭里淡淡开放，馨香四溢。

以后，那个神偷没有了。

藏经洞前，重新搭起的那间茅庵前，出现了一个和尚，法号"必戒"，那就是我。我敲着木鱼，守着藏经洞，也守着师父在最后一卷经文扉页上赠送的一句话：戒贪为宝。

暖玉琵琶

仗一柄剑,他走下天柱山七十二峰,行走江湖,快意恩仇,剑光过处,血花朵朵,如梅花一朵一朵绽放。

他的剑,叫青梅剑。

她,本应陪着他,塞北江南,随意驰骋。可是,她不,扔了剑,一面琵琶,叮叮咚咚,春风花雨,阳春白雪。她的琵琶,以一种蓝田玉镶身,名暖玉琵琶,世所罕见。

他劝道,师妹,走吧,笑傲江湖,领袖群雄,不好吗?

她摇头,劝他,回来吧,隐居天柱山,弹琴长啸,看云游山,白头偕老,悠游林下,多好。

他摇摇头,豪情满怀,一声长啸,山鸣谷应,走出山林,走入江湖。

她,怀抱琵琶,一声长叹,一双清泪缓缓流下。

再回山中,她已成为一尼,一脸素静,满面悲悯。他大惊,叫道:"师妹,你——你怎么?"

她低着头,捻着佛珠,告诉他,他杀伐太重,她感到不安,出家为尼,佛前念经,超度那些亡灵,也替他祈福赎罪。

他摇摇头,苦笑,妇道人家,头发长见识短。离开时,他求道:"师妹,还俗吧!"

她摇头,两滴清泪,沿着长长的睫毛滑下,闪着光,落在地下。她劝他,回到山中来吧,山中很静,很好,鸟儿叫声清亮,草儿一片青嫩。

他摇着头。他,属于江湖,属于剑,属于铁血,属于名利。

他又一次走了,走了好远,回过头,夕阳下,一个人伫立在斜阳里,衣袂飘飘,一如初见时。初见时,她多好啊,一笑,笑靥照亮整个江南山水。

山深处,琵琶声又响了,一声又一声,珠圆玉润,如露滴花蕊,雨打浮萍,如花香轻轻掠过心田。

可是,一切都牵绊不住他的脚步。

在江湖,他号令群雄。

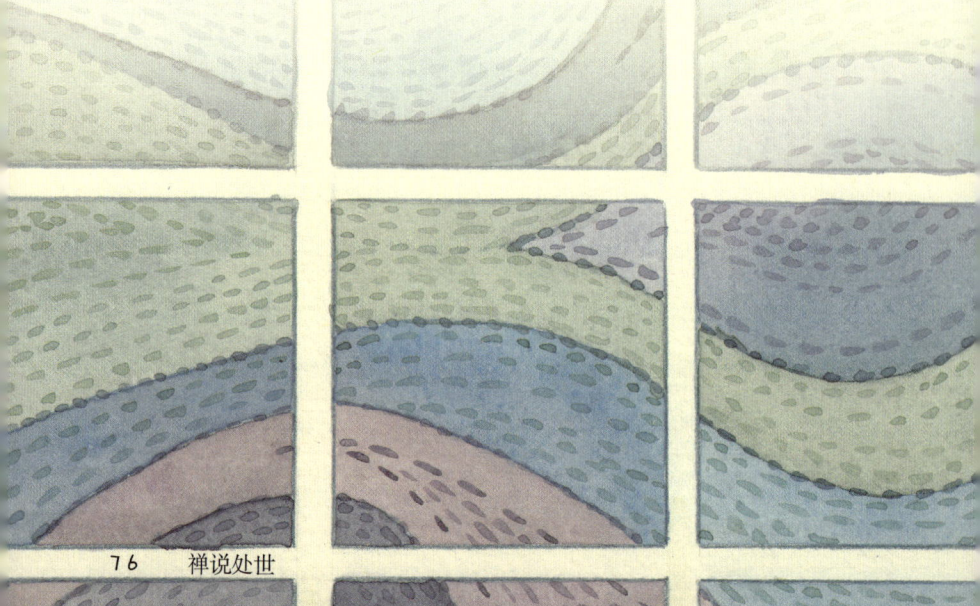

在江湖，青梅剑惊魂丧胆。

他的心，有时也会回到天柱山七十二峰，在铁瓦庵前，仿佛又听到了琵琶如雨，仿佛又听到了她莲花般洁净的笑声，还有初见时的样子，师哥师哥脆脆地喊着。

可是，他不能回去，一入江湖，身不由己。

其间，也不是没人挑战，青梅剑下，从无走过十招之人。

江湖，在青梅剑下，一片寂然。

他喝酒，舞剑，听着万人呼喊盟主之声，震动山林。他呵呵一笑，在辉煌中，暂时忘记了相思之苦，忘记了她修长的眉、净净的笑。

又一次，有挑战书送来。

对方邀他，在丰阳城苍龙山一战，如果他败了，就让他血祭青梅剑。他一笑，心里说，胜了呢？

按信上的时间和地点，在那个月圆之夜，他来了，一人一剑，来到丰阳城的苍龙山顶。苍龙山，苍松古柏，山风阵

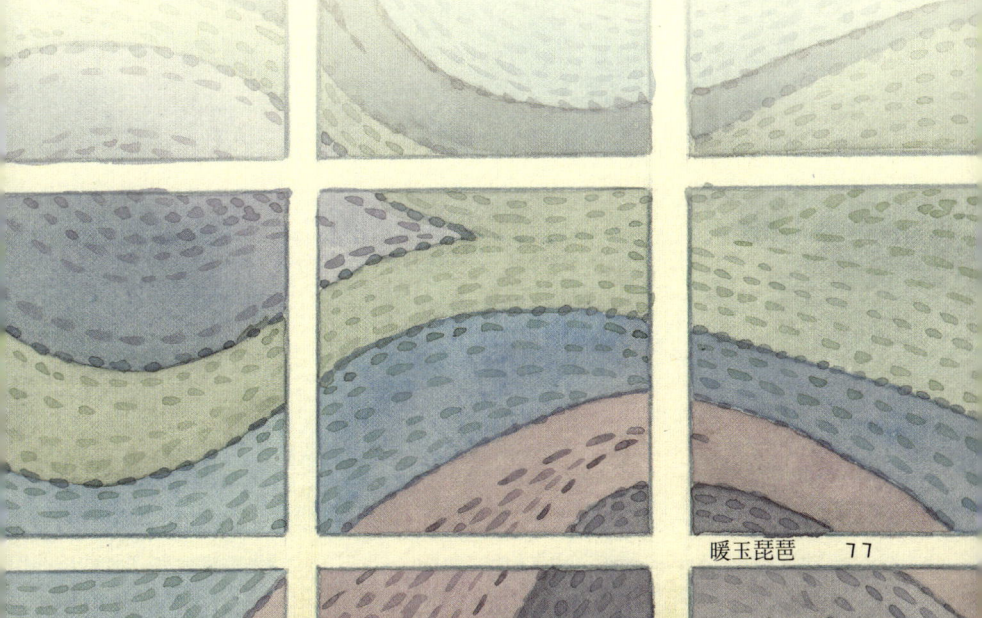

阵，声响如潮。

这儿，正是决战的好地方。

一个黑衣人飘然而至，黑纱蒙面，面对着他，点点头。

他说，可以开始了。

对方点点头，手一挥，示意他出招。他眼光一闪，怒意顿生，在江湖上，谁敢视他如无物？一声冷笑，他剑出如风，白光闪闪，罩住对方：出手就是杀招。

不给挑战者以还手之机，是他一贯手法。

对方以布帛包裹一件器械，向他砸来。他剑势如虹，"叮咚"一声响，是弦断声，剑势不衰，刺入蒙面人胸中。他一惊，分明感到，那一剑削的是件乐器，顿时冷汗直流，肝胆俱裂，喊声，师妹，是你吗？

是她，面纱揭开，她口中溢血。

"为什么？"他抱住她大叫，眼眶瞪裂，鲜血流出。

"你要知道，每个人死了亲人，都会肝肠寸断的。"她说，喘息着，轻轻一笑，停止了呼吸。

"师妹，我错了——"他哭喊道。声音，在天柱山七十二峰传来："错了——错了——，错了——"

以后，江湖中，没有了他。

天柱山七十二峰有一面山崖，叫天柱摩霄，上面大书一血字"悔"。这字是他写的。用手写的，还是剑刻的，没人说得清。他去了哪儿，也没人说得清。

江湖，再无青梅剑。

江湖，再无暖玉琵琶。

破 戒

阳光下,寺庙小如一颗痣,掩映在古木深林里。寺庙里没有木鱼声,没有诵佛声,因为,庙里空寂无人。

小和尚回山时,是在上午。白净的阳光下,树林里鸟鸣如珠,滴溜溜乱转,仿佛能闪射出七彩的光线。小和尚在鸟鸣声里轻轻进庙,只见人影一闪,一个女孩走进来。女孩说:"小和尚,你好。"女孩红衫绿裙,一笑如一片荷叶,在阳光下婆娑着,真好看。

小和尚张着嘴,就痴了,就呆了,嘴里反复念着一句:"南无救苦救难观世音菩萨,南无救苦救难观世音菩萨……"

女孩嗤地一笑,笑声如栀子花开,很轻微,散发着幽香。女孩的微笑从鼻尖荡漾开,扩展到酒窝,再扩展到腮边,最后到脸蛋,如一波一波的水,将小和尚的心浇得透湿透湿的,一拧就是一串水珠,再拧还是一串水珠。

女孩眼睛一眨,噘着唇,轻声在小和尚耳边说:"我就是观世音哦。"说完,鼓着腮帮子,"嘘"的一声,在小和尚耳边吹了一口气。

小和尚额头出汗了,闭上眼不说话,数着念珠,可是数得颠三倒四的,右手直颤。

女孩又一笑,白亮亮的眼光在小和尚脸上睇了一下,拿出一块手帕。手帕是绿色的,上面绣着一朵大红荷花,两只蜻蜓飞啊飞的,怎么也飞不出手帕。女孩将手帕贴在小和尚脸上,轻溜溜的,麻酥酥的,小和尚嗅到一种怪味,鼻子痒痒的,就忍不住打了个喷嚏,就倒下了。再醒来,小和尚浑身是光的,女孩浑身也是光的。小和尚躺在女孩的怀中。

女孩瞥了一眼,腻声说:"小和尚,你破戒了哦。"

小和尚傻了傻,就流泪,泪珠如念珠一样圆,晶莹透亮,滚到腮边。

女孩站起来,穿了衣服,伸出纤细的手说:"今天下山拿的信,给我。"

小和尚眨巴着眼睛念:"阿弥陀佛。"

女孩扑哧一笑:"念屁!"

女孩接着扔下一句话说:"你破戒了,知道吗,小子?"

女孩看小和尚不说话,咬着唇说,不信,自己就传出去,小和尚屁股上有颗痣,红色的痣,很惹眼的哦。

小和尚听了,再次傻了眼,乖乖地从佛龛下拿了信件,火号签封的,低头交给女孩。女孩一笑接过,嘴贴在小和尚耳边,吹气如兰地道:"知道我是谁吗,小和尚?"小和尚傻傻地摇头,许久道:"你是狐狸精,师父说过,狐狸精会魅惑人的。"

女孩眼睛一白:"你才狐狸精呢,你是狼精虎精豹精。"女孩眼波一转,得意地道:"告诉你,我是'飞影子'。"说完,咯咯一笑走了,如一朵花儿,随风飘入薄雾里,终于失去了踪影。

"飞影子"是北辽间谍,潜入中原,无孔不入,因此绰号"飞影子"。

小和尚挠着光头,枯木一样坐着,他的眼中有无尽的忧伤,许久,喃喃道:"色即是空,空即是色……"可是,念了几百遍,心里仍有一只蚂蚁在缓缓地爬,一直爬到心尖上。

几天后,消息传来,北辽在进攻中原时中了埋伏,全军覆没。

原来,"飞影子"中了小和尚的套,小和尚送了份假情报给她。

再次见到小和尚,"飞影子"很生气:"小和尚,你不怕我把你破戒的事说出去?"

小和尚轻声道:"破了身戒,保住心戒。"

小和尚说完,阿弥陀佛地念着,敲着木鱼,"飞影子"咯一声笑了。小和尚忙低头看,自己的木鱼锤敲错了位置,一下又一下,竟然敲在青石板上,"叮叮"地响。

两人目光对接在了一起。

江湖上,从此少了一个女谍;小庙里,从此少了一个小和尚。

断 臂

那一夜,天很黑,伸手不见五指,和尚明亮越狱了。

明亮持根木棍,舞得风车一般,打出牢狱,丢只左臂,一身浴血,跌跌撞撞上了风吹岭,投靠了风吹岭山寨寨主刘一斧。

刘一斧是明亮的俗家师弟,凭一把板斧,聚拢一群亡命之徒,勾结倭寇,占据山岭,打家劫舍,杀人劫色:只有世人想不出的坏事,没有刘一斧不敢干的坏事。

明亮的功夫,刘一斧是知道的。

明亮一来,自己就多了份力量:打虎亲兄弟,上阵父子兵嘛。

明亮越狱后,当地知府急得团团转,立马下发文告,四处张贴,捉拿明亮。十数天后,消息报到风吹岭:今有和尚明亮,暗接倭寇,杀人放火,无恶不作,前已越狱逃窜。天下英雄,若有捉得该罪犯者,赏银万两。

文告被下山喽啰揭下，拿回来，径直送到刘一斧面前。刘一斧陪着明亮，一见文告，哈哈大笑道："好啊，这下我刘某该发财了。"

　　明亮一听，缺少血色的脸上，更是寡白道："师弟此话何意？"

　　刘一斧眼睛放光道："一万两银子啊，好价钱。"

　　"难道——师弟想将我交出去？"明亮大惊，站了起来。

　　刘一斧笑笑，老奸巨猾地摇摇头，扶住明亮受伤的胳膊，靠近他的耳朵叽咕一阵。

　　原来，刘一斧另有打算。

　　日常，他下山打劫，都黑纱蒙面，不露真容。而且，他的斧下从无活口。因此，至今官府只知其名不知其人。看到文告，他立即想出一法，弄得此银。至于方法，十分简单：绑上明亮，带下山去，自己就说自己是一介江湖游侠，看到文告，到处追捕，终于抓住明亮，押来领赏。

　　人在屋檐下哪能不低头？明亮听了，长叹一声，无奈地点点头。

　　两天后，明亮被绑着，由刘一斧带着几人押送到府衙。知府一见大喜，忙按文告悬赏，让人拿了银票，当面点清，交给刘一斧。

　　明亮身上的绳子，就在这时突然自开——因为，这是活套。

　　一切，都在刘一斧的计划中。

　　然而，一切却又出乎他的意料。

　　明亮绳子一脱，单手一闪，接过刘一斧递过的长剑，剑光如电，没有刺向知府，而是对准了刘一斧的咽喉。旁边差

84　禅说处世

役一见,大喊一声,一哄而上,按住刘一斧。

刘一斧大惊,嘶声叫道:"师兄,我——我是你师弟啊!"

明亮念声阿弥陀佛道:"可你是魔鬼,是百姓的噩梦。"

几天后,刘一斧五花大绑,被押上刑场斩首。

知府准备奖赏明亮时,却找不见人影,细细寻访,来到一座深山小庙里,找到了明亮的弟子。弟子听后,大惊道,自己师父坐化已三年有余,怎会出现此事?

知府睁大眼,不信,讲述了事情经过,说一个夜晚,有和尚来访,称自己法名明亮,是刘一斧师哥,知道师弟作恶多端,且十分贪婪,特设一法擒他,并随即献上条苦肉计。

为证明所言非虚,知府描述了明亮的长相。

弟子更惊,说那确实是师父,可师父真死了,是自己亲自安排入殓的。入殓时,按他生前要求,肉身坐缸,放于一个山洞中。

见知府不信,弟子找到山洞,当面打开缸盖。

明亮尸体端坐缸中,脸色一如生时,慈眉善目,可左臂却没有了。

一时,两人呆住。

知府离开,一个和尚从草庵中走出,正是明亮。弟子说:"师父,为什么用个蜡塑哄骗知府呢?"明亮轻轻叹道:"我出山行苦肉计,为的是行善,不为受赏。"

弟子点头,双手合十。

四野俱静,只有小庙钟声在向晚的夕阳下一声一声传开,涟漪一般,在缤纷的落花中缭绕不散,好像在告诉人们,这儿是洁净的佛国世界,纤尘不染。

绿罗刹

第一次见她,她坐船,小和尚也坐船。她拿着个莲蓬,一颗颗吃着莲子。小和尚数着念珠,阿弥陀佛,阿弥陀佛。

她一笑,将莲蓬扔过去,小和尚,给你。

小和尚双手合十,脸红了,船一停就匆忙走了。身后,她咯地一笑,笑得小和尚心里一跳。

第二次,小和尚又遇见她,从田埂上跑过。田埂是湿的,她没穿鞋,白白的脚丫子踩在泥上,留下一个个脚印:五个小小的趾头,脚掌是平的,脚跟圆圆的,脚弓部分缺一块。

小和尚对着脚印,忘了念佛。

她脆声喊,小和尚,看啥?

小和尚一愣,忙眯着眼念阿弥陀佛。

她歪着头,一双明亮的大眼望着他,许久道,哼,一个小花和尚!小和尚脸一红,忙低下头匆匆走了,心中,犹如木鱼锤在一下一下地敲。

再次见面，是个雨天。

小和尚在寺庙里敲着木鱼，门外一暗，一个绿衣绿裙的女孩跑进来，头上遮着片碧绿荷叶，是那个女孩。见了小和尚，女孩一愣，我们有缘啊，小和尚，又见面了。

小和尚敲着木鱼，木鱼声梆梆的，小和尚的心咚咚的。

女孩坐在小和尚面前，一双清亮亮的眼睛望着他。

小和尚轻声道，施主三次见小僧，为什么？

女孩睫毛一眨，说缘分呗。

小和尚轻声道，是为了传说中的那本用毒秘笈吧？

小和尚师父老和尚，是江湖上的用毒圣手，不过，不杀人，专医人。老和尚圆寂了，很多人知道后，纷纷走出江湖，来寻老和尚的秘笈。有人说，这秘笈在小和尚身上。

女孩听了小和尚的话，一笑，不笨啊，猜出来了？

小和尚道，小僧还知道，你……是绿罗刹。

绿罗刹，虽十六七岁，可武功奇高，下手狠毒，因此江湖上送了这么个外号。女孩听了，眼睛一白，知道是我，就交出秘笈啊。

小和尚摇摇头，念着佛号。

女孩眼一冷，抓住小和尚手臂一抖，小和尚手臂脱臼，顿时，脸上汗珠沁出。女孩说，不拿书，我就走，小和尚你就残疾一生吧。说完，站起来转身欲走。小和尚吓了一跳，忙拿出一本书。女孩接过书，翻开一看，一笑，抓住小和尚手臂又一抖，脱臼的关节恢复，不痛了。然后，女孩在小和尚耳边轻声道，小和尚，好可爱哦！说完，在小和尚脸上"啧"地亲了一下。

小和尚张着嘴，呆住了，过了会儿，忙念起阿弥陀佛！

女孩走到寺门，回头说，小和尚，只会念一句阿弥陀佛吗？

小和尚忙念，嗡嘛呢咪叭吽。

女孩道，是嗡嘛呢叭咪吽，小和尚念颠倒了。说完，咯咯一笑，跑了。

小和尚摸摸自己的脸，出了会神儿，又敲起木鱼来。

两年后的一天，庙门一暗，女孩又来了。小和尚更俊了，看见女孩，脸儿更红了。

女孩站在他面前，眼睛一眨不眨地望着。

小和尚轻声道，恭喜女施主，成为一方神医。

女孩道，小和尚，你给我设了圈套。女孩说，自己拿了秘笈，读了一年多，没读成用毒高手，竟成了医术高手。说着，女孩拿出那本书，这是一本医书！女孩贴着小和尚耳朵说，小和尚也打诳语啊。

小和尚呆着脸，数着念珠。

师父圆寂，留给小和尚一本医书，他知道自己资质有限，难以领悟书里精要，成为一代神医。于是，假造一个谣言，说自己带有用毒秘笈，引来绿罗刹，替师父收了个关门弟子，为人世培养出个女神医。

女孩再次坐在他面前,笑着说,我的心现在不冷硬了,变柔软了。

小和尚道,阿弥陀佛,善哉!

绿罗刹说,我心里有爱了。

小和尚道,阿弥陀佛,善哉!

绿罗刹说,我爱上一个人了,怎么办?

小和尚道,阿弥陀佛,善哉!

绿萝刹轻声说,我爱上小和尚你了!

小和尚张着嘴,准备说什么,却没说出来。窗外,树色一片碧绿,一对鸟儿对鸣着,其声关关,犹如清露。

第三章

坐看云起

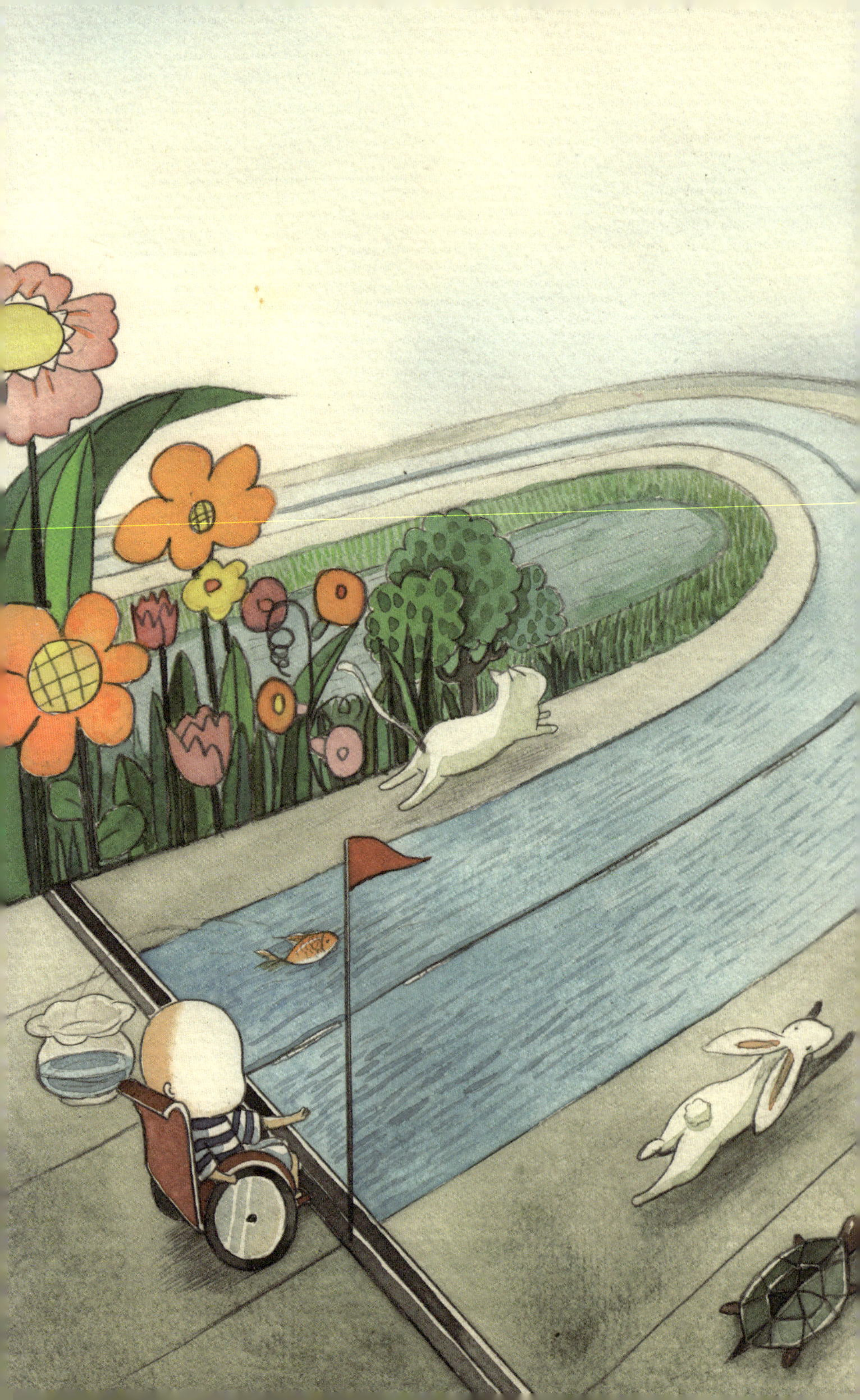

知 音

  雪很大,夜很静。一把火,从他房后烧起,眨眼间,席卷了整个茅屋。他跑出来,随着他的,只有一把二胡。

  他没有回头,即使回头,也看不见什么,因为他是瞎子。风吹来,浑身很冷。在风里,他一步步走了,最终,变成一粒黑点,消失在天边。

  从此,他漂泊异乡。

  陪伴他的,是一把破旧的二胡,小镇、村庄,一路行来。二胡声,在他走过的地方流泻,如一声声低低的诉说,细细的,蛛丝一样。

  夜里,他歇宿在破庙里,草堆上,静穆地坐着,一双盲眼,一动不动,望着虚空。手指颤动,一缕月光水色,从琴弦上淌出,扩散着,荡漾着。

  他走过的地方,要一点剩饭,或者两个冷馒头。

  一般的,他只吃一半,另一半,放在自己寄宿的地方,草堆旁，或者是破庙里。第二天走时，留在那儿。

大家都说，这瞎子，穷讲究，不吃隔夜东西。

他没说什么，摇头叹息。要饭时，仍多要些，拿回寄宿的地方。剩下一些，放在那儿。有时，要少了，他不吃，把要来的东西都放那儿。

这日，一个雪天，他头晕眼花，倒了下去。醒来时，一个女孩的声音清脆地响起，醒了，你终于醒了。

他点头，慢慢坐起来，很是感激。无物感谢，就拿起二胡，闭着眼，手指颤动，一支乐曲，婉约流淌。

曲子停止了，一切都静静的。

过了很久，女孩醒悟过来，赞叹，你的二胡拉得真好啊，我去告诉师父，你就跟着我们杂技团吧。说完，女孩一阵风似的跑了。

不一会儿，女孩进来了，坐下。

他一笑，道，不收瞎子吧？是啊，一个杂技团要一个拉破二胡的干啥啊？

你别急，我再求求师娘。女孩说。

他笑笑，在女孩离开后悄悄走了，一步一步，走向远方。二胡音，仍如水，随它流淌。时间，也在二胡声中流淌。

他在乞讨和流浪中，慢慢老去。

一日，在一个破庙里，他摸着个人，睡在那儿，奄奄一息。显然，是饿的。他忙拿出讨要的馒头，喂他吃下。两个冷馒头下肚，那人有了精神气，坐起来。那夜，没有旁人，只有他俩。他坐在神案前，手指轻弹，两滴乐音落下，闪着晶亮的光。然后，二胡音悠扬，在静静的夜空响起，一会儿如一缕花香，拂过人心；一会儿如一丝轻风，浮荡如纱。

那人静静听着，罢了，哑着嗓子一声长叹，是《月夜鸟鸣》吧，真是人间一绝！

他笑笑，眨眨已盲的眼，和衣躺下，道，睡吧，明天，还要讨饭呢。

那人，也睡下。

以后，他拉二胡，挣点小钱，养活两人，因为那人也是瞎子。夜里，坐在破庙里，他拉二胡，那人听。在奔波中，一天一天，他走向生命的尽头。那天，他吐了几口血，靠在一个草堆旁，对那人说，你不是想得到《松风流水》的乐谱吗？今天，我给你拉。

你——怎么知道？那人惊问。

你是瞎子；右手食指有弦痕，是拉二胡的。在这个人世，能欣赏我二胡的，只有两人，一个是个女孩，另一个是我的弟子。他道，脸上有一丝温馨。

师父！那人跪下，不再哑着嗓子，流着泪喊。

他点头，微微一笑，你多次向我讨要《松风流水》的音谱，又悄悄一把火烧了我的茅屋，不就是想逼我带着乐谱逃走，你好中途盗取吗？唉，世间最好的乐谱不在纸上，在心中。这些年，你跟在后面，我知道。没说破，是想让你跟着吃苦，时间长了，你就能领会我当年的话。

你留下饭菜，也是给我的？那人哽咽着问。

你脸皮薄，不讨要，会饿死的。他仍一脸平静。

说完，二胡音流出，始如蚊痕，继如流水，最后，如一地灿烂春光。

音乐越来越低，流入地下，渺无音痕。

二胡落下，他也倒下。

你知道是我，为什么不恨我啊？那人抱着他，号啕大哭。

你是我的弟子，我的——知——音。他说，带着一丝笑，咽了气。

那人跪下，恭敬地叩下头去。然后，拿起二胡。月夜里，二胡音如水，波光闪闪，流泻一地。

养石兼养心

一

人在养石，石亦在养人。

尤其是读书人，整日忙于书斋之中，十分劳神，养一盆石，放在案头，石不必大，只要让一颗心疲劳之余能在其间漫步即可。

石虽小，却能包容千山万水。

石上有洞，可以想象为六朝古洞。里面，可能会有六朝僧人，面壁而坐，木鱼经文和禅唱之声，荡漾山间。这时，坐于书室之内，耳畔便会真的有梵唱之声响起，心里则暗暗地想，唐人钱起的"咫尺愁风雨，匡庐不可登。只疑云雾窟，犹有六朝僧"，指的大概就是这样的洞吧。

至于石小无树，石上有一星青苔蔓延，就可想象为一片树林。有时，放一只蚂蚁于青苔中，就如李白的"且放白鹿青崖间，须行即骑访名山"了。

石放在盘中，盘中有一洼水，就是一片湖。水上放一粒芥子，就是一叶舟，就有一种"白露横江，水光接天。纵一苇之所如，凌万顷之茫然"的气象。

咫尺之间，一片天地。拳大一石，包罗万象。

这，是我一个画家朋友养的一石。石有尺来高，峰做几叠，有山泉状，有飞瀑状，有高崖跌宕势，甚至，还隐隐地有一座小石桥。

每日绘画后，他会沏一壶茶，对着此石端坐。他说，这时，自己就仿佛走在山中小道上，就有"隐隐飞桥隔野烟，石矶西畔问渔船。桃花尽日随流水，洞在清溪何处边"的感觉，就有一种归园田居的感觉。

他说时，一脸高古淡然。

二

受其启发，我回家后也养了几块石头，无他，为了养眼之用。写作倦怠时，抬起头看看石头，有种赏心悦目感。

石头，来自老家河中。

老家在山里，门前有一条河，清清白白地流着。水中有石子，分作数色，有莹白的，有蓝色的，也有润黄的，颗颗圆润可爱，大的若拳，小的如珠。暑假时，我一身轻松回到老家，特意捡了几颗各色石子，带入小城书房，用一只青色瓷盘堆叠着，做成山形。

盘中，倒一勺清水。水白盘青，石作几色，有一种小品意韵。

一次，和妻子在附近游玩，于一山间小溪旁，发现一群小鱼，其小如线，通体透明，身上洒着墨点，如从齐白石老人的画中游出来的。这些鱼儿，融入清亮亮的水里，不细看，是无论如何也看不到身子的，只看到两只大眼咕噜噜地转。

我捉了几条，用瓶子带回家，放入盘中水里。

这几条鱼儿很活泼，不时甩一下尾，竟能逗出几点水花，小小的。有时，我伏案疾书时，脸上突然一凉，一愣，猛地醒悟这是鱼儿逗起的水花时，望着水中鱼儿，不由轻轻一笑，感到一身轻灵。

盘中有水，有鱼，没有荷叶，究竟缺乏那种"江南可采莲，莲叶何田田"的意境。另外，山也单调，水也素净，鱼儿也孤单。为此，在一个下午，夕阳半山时，我特意去小城湖边捞了几粒浮萍带回来，放在水中：这样一来，一个微型江南就出现在桌案上。

有时，写作累了，看看盘中几叠石头，一勺白水，心情也像清风白云一样。

尤其是那鱼儿，有了浮萍，更见活泼了，有时一甩尾，钻入几粒浮萍间藏起来，再不出来，让人看了，忍俊不禁。

三

中国古人中，爱山爱水之人，自屈原之后，无不如此。屈原宽衣博带，走向汨罗江时，曾高歌："沧浪之水清兮，可以濯我缨。沧浪之水浊兮，可以濯我足。"

一旦有水，必定有石。

石与水相依相伴，相为始终：水因石而曲折跌宕，回环多变；石因水而灵透清润，雾气缭绕。因此，六朝之后，文人们将水与石放在一块，极尽描摹。尤其山水大家郦道元，在写三峡时，用灵动之笔写道："春冬之时，则素湍绿潭，回清倒影。绝巘多生怪柏，悬泉瀑布，飞漱其间，清荣峻茂，良多趣味。"

山水相映，大则为山川河流；缩小了，就是一绝品盆景。只不过，有的人片帆只影，游于其中；有的人则将之放入书房，神游其中。

六朝文人，在奇石异水间，自由自在地放逐着自己的一颗心。

陶弘景在《答谢中书书》中，写山石之奇、流水之美时道："高峰入云，清流见底。两岸石壁，五色交辉。青林翠竹，四时俱备。"将江南之石，写得出神入化，让人读了心神俱醉，心驰神往。

他写的，应是安徽之石之水，因为，他当时隐于茅山。

而与这篇文字并称为写石双璧的另一文章，是吴均的《与朱元思书》。文中，谈及富春江两岸之石道："夹岸高山，皆生寒树，负势竞上，互相轩邈，争高直指，千百成峰。"他们在山中游玩，面对奇山怪石，白云苍树，一颗心如一轮明月，高悬于万山之间，高悬于白云之上。

他们爱石，石也熏陶着他们，以至于"鸢飞戾天者，望峰息心；经纶世务者，窥谷忘反"。面对如此江山数片石，他们沉浸其中，忘却名利，也忘却红尘。

四

到了唐宋，诗人们喜爱自然山水，更喜爱奇石假山。柳宗元被贬永州，徜徉山水，挥笔写下"永州八记"。永州之山之石，在其笔下群峰凸起，各具情态。尤其在《小石潭记》中，他写石之奇："全石以为底，近岸，卷石底以出，为坻，为屿，为嵁，为岩。"他的笔下，小石潭就是一个放大的盆景。

在山峰水畔，他清心净虑，身心如脱离污泥的一朵莲花，净白，清新。

和他同为散文大师的韩愈，几乎在柳宗元一支竹管笔伸向山野石峰时，也风神飘飘，走向荒野巨石，写下"山石荦确行径微，黄昏到寺蝙蝠飞"的诗句，在大自然的怪石古寺间，身心得到解脱，觉得赤足踏石、清风吹衣的生活，是人生一大乐事。

石，让他们心净如水流山石、月照岩畔。

另一部分文人，则走入假山块石间，让一颗心沉浸其中，纯净如梅。

唐人白居易，将太湖石放在后院中，歌之咏之，"嵌空华阳洞，重叠匡山岑。邈矣仙掌迥，呀然剑门深"，此石有洞如华阳，有山如庐山，奇特如仙掌，悬峭如剑门。诗人面对此石，犹如一日行遍江南塞北。

在石前，他仿佛看见了阴晴变化，看见了秋叶随风万山红遍的情态。

后来，他建一所院子，无什装饰，专门买来两块石头，栽上几竿修竹，装点其中，为自己营造了一个后花园。

在这儿，他吟诗作文，心境空明。

在这儿，他涵养心性，让自己变成一块水上白石。

古代文人爱石，他们爱石的卓然而立，不坠红尘；他们爱石的自然灵秀，不沾污浊；他们更爱石的晴雨不变，一任本性。

一块石，让古人看见了人格修养。

一块石，让古人人格高耸。

宋朝大诗人陆游的一句"石不能言最可人"，说尽养石的好处。只不过，这种好处，是只可意会而不可言传的。

五

石，也因此成为一种风格、一种品性的象征，它与清风明月为伍，与飞泉流瀑为友，在六朝小品里，在唐诗宋词中，一路翰墨流畅，成为一种文化景观，也成为一种文化符号。

小院离不开它，瘦瘦一片石，便见云水生。

园林离不开它，玲珑数叠，便见千里。

可是，也有人将其作为家世的炫耀，作为富贵的象征。《红楼梦》中大观园，进门就是一翠峰矗立，挡住全园之景，也成了这个钟鸣鼎食之家炫耀的手法，连贾元春见了也禁不住长叹"太奢侈了"。

用石装点门面，是对石文化的一种玷污。

用石提高身份，更是对石文化的作践。

养石，要懂石、爱石，以石来涵养一颗净白的心。让一颗心面对石头，如云之白，如水之清，如花之净，如月之亮。

白居易写过养石的好处，"百仞一拳，千里一瞬，坐而得之"。这位读书人，在苏州刺史任上归来，两袖清风，只带回两片石头。回家后他十分后悔，写诗自责："三年为刺史，饮冰复食蘖。唯向天竺山，取得两片石。此抵有千金，无乃伤清白。"在那儿，他饮清水吃野菜，自认一身清白，可是，面对自己掏钱买的两块石头，总感觉不如古人那般清风在怀、明月在抱，总有无穷的愧疚。这算是公仆养石的典范。

苏轼谈到石头，"梅寒而秀，竹瘦而寿，石丑而文"，将梅花、修竹和石并列，算得石的朋友。

至于长髯飘飘的沈钧儒老人，在养石之余，则赋诗道："吾生尤好石，谓是取直坚。掇拾满所居，于髯为榜焉。"则是深得养石三昧。

这三人，算得石的知音，更算得养石人的楷模。

小镇僧寮宜品茶

一

饮茶,当在小镇。小镇不要大,要古朴雅致,一围青山,满目翠色,一片市井。在这儿,红尘远去,市声远去,名利远去,繁闹扰攘远去。

总之,这儿有清风,有明月,有古朴的市风。

当然,还得有一篙碧水,亮亮地能照见人的眉眼。

说到水,尤其饮茶的水,古人是十分讲究的。陆羽曾说:"山泉为上,江水次之,井水为下。"宋朝人则认为,三峡之瞿塘峡中有一礁石,其中有一泉眼,泉水清冽,泡茶极好。要用此水,实在不易。可是,古人就有乘一叶扁舟江上取水的。

古人，浪漫之极。

古人，将生活过成了一种艺术，诗词一般。

二

煮好水，泡好茶，只是饮茶功夫的一半：这一半是物质的，另一半则是精神的，讲究的是环境和心境。

唐人饮茶，在书房里。白居易煮着茶，写着诗，很是写意。宋人饮茶，讲究斗茶，三五个人，一炉一壶几只瓷杯，在茶楼里比拼茶功。《清明上河图》中，就有茶楼，一栋木楼，挂一旗子，上书一"茶"字，迎风飘摆。

这些饮茶法，一字以概之：雅！

明人有茶寮，非常考究。茶寮一般为小木楼，窗格贴白竹纸。室内，有名家书画条幅悬挂四壁。屋内有几、椅、凳、机，有茶铛、茶炉，有茶壶、瓷杯、茗碗等。几个知己，一边饮茶，一边谈诗论句，击节称好：这儿，哪里是茶舍，分明就是一个文学沙龙。

可是，上推饮茶之源，实则出于寺院。

僧人饮茶，一则可以醒神。人坐的时间长了，毕竟要昏昏欲睡，僧人饮茶后，头脑清醒，诵佛经敲木鱼，禅唱之声不绝于耳。二则清心静性。一杯茶，一缕清香，咽入喉中，进入腹中。心中，自有一朵莲花开放。心白茶香，相得益彰。

此时，人虽还是俗世一凡体，心却已是佛界一罗汉了。

三

如果世间真有些好山好水好镇，合为一处，不啻茶人的一处福地。

东泉镇，就是这样的地方。

东泉镇位于重庆巴南区，是一小镇。人来此处，青山四围，犹如屏风。五布河如一条玉带，缓缓流过。过桥，有一古寺名白沙寺。寺里有一古树，虬枝如龙，被称为"十八半"，即"半死半活，半干半湿，半遮半露，半阴半阳，半正半歪，半主半客，半古半今，半老半少，半喜半忧"。树亦知哲理，百年风雨，告诉世人，万事皆在平衡。

寺中，可留宿人，一间僧房，洁净如洗。木板床净布被，素朴淡然。

小镇，以温泉名世。

此地温泉处处，清亮如女孩的眼光，白净如婴儿的笑声，纯洁如恋人的情话，汩汩流淌，日夜不息。水温达五十多度，一片水汽薄薄散开。据测试，水质含硫、钙、碳、氟等元素，有益于人体健康。人入池中，热气上涌，十分舒畅，浑身每一处毛孔，好像都舒畅地张开着，吸纳着洁净清纯之气。

躺在水中，山色入眼，翠色沁心。不远处，白沙寺的钟声传来，声声入耳。

此水极净，不亚于惠山泉的水，烧开泡茶，真应了苏轼的诗词"独携天上小团月，来试人间第二泉"了。

但是，喝茶之地，我以为，仍以白沙寺为妙。泡罢澡，一身轻松，踏着一地月光去白沙寺，敲开山门，借一椽僧寮住下。白木桌旁，泡一壶东温泉烧的水泡茶，坐在窗前，慢慢地品着。心，那一会儿真净得如一朵白莲花，淡然开放。

如是中秋时刻来此更好，灭了灯，坐在僧舍里，任一地月光如水，任思念淡淡一缕浮起。此时此刻品茶，是品茶极致。"而今听雨僧庐下，鬓已星星也。悲欢离合总无情，一任阶前，点滴到天明"，带着一种忧伤、一种思念听雨，心是饱满的。带着一种思念，坐在僧舍里饮茶，心也是饱满的。

品茶，品的就是人生的况味。

品茶，品的就是一种心境。

白沙寺僧寮品茶，尤其在中秋之夜，真的很好！

一块翡翠，十分静好

一

雨打芭蕉时，有女子坐于绮窗前，一手撑着下巴，腕上，最好有一对翡翠镯子。此时，镯子的水色与芭蕉的雨意润泽在一起，很美。

此时，戴翡翠镯子的女子，眉眼淡静，也很美。

窗外，是一丛碧翠的芭蕉，浮荡着一层绿韵。窗内，是手镯的玉色，浮一层水汽，映着女子的眉眼。女子缓缓站起，拖着碧色长裙，坐在琴前，手指翻飞，琴音如月。腕上，玉镯不时相击，"叮当"一响。

琴声清脆，犹如露珠。

镯声清脆，犹如露珠。

弹琴女子的心亦如露珠，晶莹圆润。

二

有人说，翡翠可养人，其实，翡翠更养心。

翡翠洁净，纤尘不染，戴在腕子上，或者做成坠饰，戴在耳朵上，插在发髻上。此时翡翠淡淡的，映一团水。在水色中，女子淡淡的眉眼，带了一丝微笑，泛着一片光泽。

这时，女子心情好得如一片阳光。

此时，女子看来，无处不美。

这样的女子，只能在唐宫女子里寻找。如果是唐宫女子，应是周昉仕女画里的吧。周昉的仕女画中，总有女子长衣薄袖，坐在铜镜前梳妆。桌案上，有一缕沉香，袅袅娜娜。女子是背向着画面，给人一种"小山重叠金明灭，鬓云欲度香腮雪。懒起画蛾眉，弄妆梳洗迟"的羞涩情态。可是，镜中，却有一张一笑倾城的脸儿，红唇一点，画了烟熏妆。头上，总有一枚金钗，一点坠子绿色沁眼。

那，应是翡翠了吧。

唐代已有翡翠，李白是见过的，他说"翡翠黄金缕"，一点翡翠，被黄金镶着，做了簪子，在发丛中插着，一走一晃的。

而唐朝另一诗人毛熙震说，"慵整落钗金翡翠"，一个女子，云一样的发髻松了，金钗落下，一点翡翠横斜。她长袖伸展，整好发髻，重新插好簪子，嫣然一笑，一时，窗外"红了樱桃，绿了芭蕉"，一片明媚。

这样的诗韵，日本的浮世绘中也有。

喜多川歌麿的《青楼十二时》，专记录艺妓的，张爱玲曾见过，在《忘不了的画》中写过丑时的一张："深宵的女人换上家用的木屐,一只手捉住胸前的轻花衣服,防它滑下肩来,一只手握着一炷香,香头飘出细细的烟。有丫头蹲在一边伺候着,画得比她小许多。她立在那里,像是太高,低垂的领子太细,太长,还没踏到木屐上的小白脚又小得不适合,然而她确实知道她是被爱着的,虽然那时候只有她一个人在那里。因为心定,夜显得更静了,也更悠久。"

心静,才细,才会爱人,因此,也知道"被别人爱着"。

这样的女子,一脸淡净,眉眼生光。

戴着翡翠的女子,心如翡翠之静,当然会如此。

三

翡翠养人,心静之外,还让人心柔,心细,心美。一个女孩,一身绿裙,新妆之后,脸带微笑,伴着翡翠叮咚声,那心,一定会如此的。

因为,心静,才能感知世界的美好。

因为,心静,才能感知生命的可爱。

唐诗中有一首绝句道:"禁门宫树月痕过,媚眼唯看宿鹭窠。斜拔玉钗灯影畔,剔开红焰救飞蛾。"每次读到这一首诗,那女子的样子,那玉钗的式样,都仿佛在眼前闪现:女子长眉细目,一身宫妆,面对一只飞入烛泪中的飞蛾,忙拨了玉钗,轻轻救出。

那时,她一双眉眼,一定是痛惜的。

那时,她的动作一定是轻柔的,是充满呵护的。

那一枚玉钗上,一定有一个小小的坠子,上面闪亮着一粒翡翠。

飞蛾飞走，她破颜一笑，双臂伸了，长袖一褪，露出白嫩的玉臂，将玉钗插在发髻上，将美丽留在他人的心中，永不褪色。

这样的意境，宋词中也出现过，张元干的笔下，有一个宋朝女子，站在烛前，轻轻摘下翡翠金钗，剔除灯花，脸上带着一种静若莲花般的微笑。于是，他写下"翡翠钗头缀玉虫"。有人解释，"缀"为扎的意思，玉虫为一种白色虫子。这当然是误解，是唐突美女的话，那样的美女，那样轻柔婉转的动作，怎么可能是扎虫儿呢，只会是救虫儿吧？

美女之形，美如翡翠。

美女之心，细如翡翠。

四

翡翠对人，尤其对中国女子的润泽，可使其人净，更使其心净。一粒翡翠，有的如一滴水，有的如一滴草尖之露，有的如一粒红豆。

无论哪种颜色，它们都纯、净、亮。

女子长期佩戴，与之相伴，时间一长，自会受其润泽，一颗心也纯净洁白，纤尘不染。更何况，静谧美好的心，善良的心，本来就是干净的，如雪后梅花，水中浮萍，深谷泉流。

"和羞走，倚门回首，却把青梅嗅"的女孩，腕子上应有对翡翠镯子，晶莹剔透。

"轻罗小扇扑流萤"的女子，耳坠应是翡翠，如萤光一样闪烁。

"疑怪昨宵春梦好，元是今朝斗草赢，笑从双脸生"的陌上女孩，也应戴着翡翠。

纯净的翡翠，让女子总是纯净如露，尤其中国的女子，在诗词深处，掀开窗扇，腕上的翡翠镯子一声脆响，顿时吸引住江南游子，不由得长叹，自己是游子，不是归人。长安的才子，流落扬州，迷醉在"垆边人似月，皓腕凝霜雪"的美景里，而最让其入迷的，大概是扬州女子如雪的手腕上，还有一对翡翠镯子，荡漾如水吧。

因此，诗人竟留恋他乡道："未老莫还乡，还乡须断肠。"

五

中国女子，品行犹如翡翠，洁净温润，无一丝瑕疵，因此，也才配戴翡翠：她们的静，与翡翠的清凉相衬；她们的净，与翡翠的纯洁相应；她们的柔，与翡翠的灵秀相配；她们的多情，与翡翠的细腻相映。

遥远的唐朝，朱庆馀的诗里，就描摹了一个翡翠般的女子，"洞房昨夜停红烛，待晓堂前拜舅姑。妆罢低声问夫婿，画眉深浅入时无"。这样的女子，心身如一碧色翡翠，莹莹生光，柔腻无骨。

温庭筠的"梳洗罢，独倚望江楼"的女子，则是另一种翡翠，是一种名冰翡翠的翡翠，那多情，仿佛伸指一弹，能弹出几滴水。

而一个长袍书生，打着一把伞，走过长长的小巷。在小巷那边，走来一个眼含着忧伤的姑娘，一件素色旗袍，一步一步走来，投来太息的眼光。

诗人为什么要将她比喻为丁香呢？她，就是一枚翡翠，有翡翠的柔，翡翠的古韵，眸光中还有翡翠的纯净。

翡翠，美了中国女子。

中国女子，又让翡翠有了灵魂，有了灵气，有了灵性。

一块翡翠，十分静好

今夜，与红茶对语

一

喝红茶，应在僧寮中。这样的僧寮，应在山中，四围一片竹林，如一片绿色的湖水。一个人，租一椽僧房，不大，一丈见方。

墙壁需白，无任何装饰。

房内，一张白木桌，一张凳子，还有一张木床，白布粗被，散发着阳光的味道。至于窗子，则是白木格的，贴着白生生的纸，白得如雪。

一个人，一杯红茶。

旁边桌上，放着一壶。

壶是白瓷的，杯也是白瓷的。不说话，一个人静静地品着。一颗心，此时浑不着力，犹如片云舒展。此时，最好是夜里，窗子开着，灯灭着，有虫鸣唧唧，如一粒粒露珠闪烁。天上，是一轮清凌凌的满月，满把的月光泼洒下来，泼入房内，映白一地。

饮红茶，对明月，心，也如一轮明月。

汪曾祺先生说："围炉独坐，灯火可亲。"这话，如诗一般有韵。

汪曾祺爱喝酒，善饮食，一支笔清淡如水，将内心的感觉描摹下来，醉透人心。可是，他却不太喝红茶。他说："茶是喝的，而且喝得很勤，一天换三次叶子。每天起来第一件事，便是烧水、沏茶。但是毫不讲究，对茶叶不挑剔。"

其实，他笔下这八个字，营造了一种喝红茶的环境。

山中，有一间洁净的小屋，冬日寒夜，拢一盆火，煮一壶水，听一片咕咕的水声。水开，冲壶，放入红茶，开水一冲，泡上。旁边放着一个杯子，手里拿着一卷诗书。读一会儿书，斟一杯茶，一缕茶烟氤氲，一缕茶香浮荡。白杯，红茶，拿起来，轻轻品一口，一时，舌尖生香，清清淡淡。

此时，真不知是书香缭绕，还是茶香缭绕。

此时，真不知是齿颊生香，还是心灵沁香。

茶汤在舌尖一转，缓缓吞下。心，一片洁净，如一朵莲花，淡淡开放。

二

如有书房，在高楼上，远离嘈杂，亦可做茶寮。

古人的茶寮，尤其是明朝的，特别精细。有人写文章道："构一斗室相傍山斋，内设茶具，教一童子专主茶役，以供长日清谈，寒宵兀坐。幽人首务，不可少废者。"而且，茶寮墙上得挂着名人字画，桌案上有鼎、瓶、彝等古董小品，还得燃着一炷沉香，散发着袅袅的青烟。

这，有点本末倒置，失去喝红茶真味。

既是书房，书是少不了，排列四壁书架上。

当然，也少不了桌子、椅子，还有笔墨纸砚。

饮茶杯具，亦无须讲究，一个玻璃杯，一杯红茶。喝红茶，用玻璃杯，有一种"葡萄美酒夜光杯"的诗韵。一个人，慢慢品着。此时，心最清，眼最明，笔尖也最为润泽，写下一篇小品文，文字也氤氲着一片淡淡的水汽，沁润着一缕若有若无的茶香。

如无高楼，小镇深巷亦可。

小镇深处，深巷尽头，寻一处天井，租一间房子，就是一间好的茶室。小镇，一般都很古，很典雅，有古戏楼，有骡马会馆，有二胡的声音如月光缥缈。小镇的天井中，居民一般会栽上一两株芭蕉，映着窗子，映一窗风月，映一窗青碧，最宜于饮红茶。

晴日，日光映在芭蕉叶上，绿色荡漾，反衬入房内。房内，如积水空明，清新明了，荧荧一片。

这时，饮一杯红茶，与绿色掩映，极美。

这时，饮茶的心情，犹如一片春草，"更行更远更生"，一直延展到天边。

至于雨天，窗外一片绿烟，浮荡在芭蕉叶上。在芭蕉雨声中，饮红茶，听平平仄仄的雨声，心，也如一颗露珠，珠光闪烁，晶莹明亮。

窗外那边的小巷里，有高跟鞋声响起，一声一声轻扣着石板，渐渐远去，渐渐不闻。心，这时如水浸泡过一样，很是润泽。

三

李贺的诗歌《将敬酒》里写道："琉璃钟，琥珀浓，小槽酒滴珍珠红。"这是写饮酒的。可是，这更像是写饮红茶的。

这颜色的搭配，也很合乎红茶的特性，合乎红茶的色泽。

红茶色艳，如女子破颜一笑的酒窝。

红茶色净，如女子回眸一笑的眼光。

红茶色纯，如女子一颗洁净无波的心。

红茶色媚，如女子"倚门回首，却把青梅嗅"的娇羞。

红茶口感香柔，如"帘卷西风，人比黄花瘦"的缱绻一瞥。

红茶很韵，祁红、滇红、泉城红……一个个名字，如一首首唐人精致的五绝、宋人隽永的小令，如天边一轮玲珑的秋月。

饮红茶，用白瓷茶具最好，茶入杯中，有一种"手弄生绡白团扇，扇手一时似玉"的洁净；饮红茶，其次用玻璃杯，杯中茶汤荡漾，给人一种"回眸一笑百媚生"的柔媚。

至于其他茶具，则与红茶不配，勉强配之，就有将西施嫁给武大郎的嫌疑，让人见了，心隐隐作痛。

右手茶，左手禅

一

饮茶，是一种清心净虑的过程，是一种洗心洗身的过程。一杯茶，放在案头，不管是瓷杯的，还是陶杯的，茶香一缕，氤氲一室，心，此时也一片悠闲、明净，如同白云。

周作人喜好饮茶，苦丁、白眉、平常清茶，无所不包。饮茶之余，他将自己饮茶心得记诸文字道："饮茶当于瓦屋纸窗之下，清泉绿茶，用素雅的陶瓷茶具，同二三人共饮，得半日之闲，可抵十年的尘梦。"由此看来，饮茶，不须讲究环境，只要洁净就好；饮茶，更无须热闹，无须进入茶馆，两三知己随意地谈着，更好，更随意。

总之，饮茶时，心要远离红尘，要轻松舒闲。

如果没有知己共饮，也可以一个人闲闲地品着，不言不语，有一下没一下。桌子上，放着一本佛经，随意读着，不需深入理解，也不必深入理解。每有会意处，微笑着品一口茶。此时,茶香与书香相互交织,茶的清润与佛经的清净相互沁入。

这一刻,心如浮云,飘在天边,飘在西山,映着一抹晚霞,淡淡的。

有诗人说过:"因过竹院逢僧话,又得浮生半日闲。"这种感觉,和周作人的饮茶说很是相近。由此可见,茶与禅有时是相近的,甚至相通的。

人的一生,独坐静室,右手拿着茶壶,左手拿本佛经,读一会儿,咕嘟一声饮一口茶,是一种禅意人生。

二

禅与茶是相通的。

其实,茶的出现,首先为僧人所接受。从此,远山近水,山寺楼台中,有暮鼓晨钟悠扬,在云雾里一声声传来;有木鱼声声,伴着诵经声悠扬传来。同样的,在寺院的夜月里,在寺院的暮霭里,也有一缕茶香,淡淡升起,飘散在云雾深处。

佛出现于中国,是东汉明帝时期。

明帝晚上做了一个梦,梦见一个神人,脖上生光,大是惊讶,第二天问诸臣下,有人以佛相对。明帝派人去印度取回佛经,从此,佛走入汉文化中,也走入士人的生活里。

至于茶进入僧人视野,则在北魏时期。有一个传说,达摩祖师面壁十年,参悟佛法。期间,常常感到困乏,眼皮交接,难以控制。他感到很无奈,就剪掉眼皮扔在地上。不一会儿,眼皮生根发芽,长出叶子来,形如眼皮,一片清香。他很好奇,采来叶子泡水喝,竟然能够提神,能够洗心。

这就是茶。

从此,饮茶成为寺庙的一道风景。

僧人饮茶有两种好处,是极为明显的。首先是茶能提神。常年木鱼佛经生活,时间长了,尤其春夏之际,蝉声如偈,此时最容易发困。高德大僧如达摩者尚且如此,一般才入空门的小和尚,更容易佛前瞌睡,甚至呼呼大睡。此时,一杯清茶下肚,一股馨香浮动,心地一片清明,睡意一空。

其次,茶可以清心涤烦,清心净虑。是人,都会有烦恼,僧人也不例外,否则,神秀禅师也不会说"身是菩提树,心如明镜台。时时勤拂拭,勿使惹尘埃"的句子。一杯茶下肚,一股清净之气缓缓升起，浮荡心里，自会让心沉静，如同一朵莲花缓缓开放，洁白无尘。

因此，很多小说里，和尚尼姑道士都是烹茶高手，也是品茶高手，并非想当然，实在是有生活根据的。

一杯茶能浇灌一颗已经遁入空门的心，让它日益洁净、清闲，如一只飞在中天的白鹤。

三

北魏，是佛教兴盛的顶峰，此时，无论北国，无论江南，佛寺处处，楼台掩映，僧衣飘飘在山水间。唐朝人杜牧，后来长袍大袖，走在青花瓷一般的江南，写下一系列歌咏江南的诗句，其中最为优美的一首道："千里莺啼绿映红，水村山郭酒旗风。南朝四百八十寺，多少楼台烟雨中。"这不是夸张，是真实的。

寺庙繁盛，同样，寺庙饮茶之风，也成为一道独特的风景。

茶与禅，除了前面所说的相融互补外，两者还有以下特质，十分相近。

茶与禅，都是由内里发出馨香，用来泽润外物的。

茶的清香是一种自然之香，一种清净之香。

茶在深山，汲取天地精华，面对山峰云雾，细雨春风，一任自然地生长、舒展，将一种内里的香醇，释放在天地自然里，让万物在这种清香里去感悟，去涤除繁杂，保留纯真。佛亦如此。佛祖在菩提树下，了悟自然真谛，反观内心感悟，从而诞生一种人生哲理，并传播出去，让每一个面对佛法者内心如同接受一场细雨的沐浴，变得干净，一尘不染。

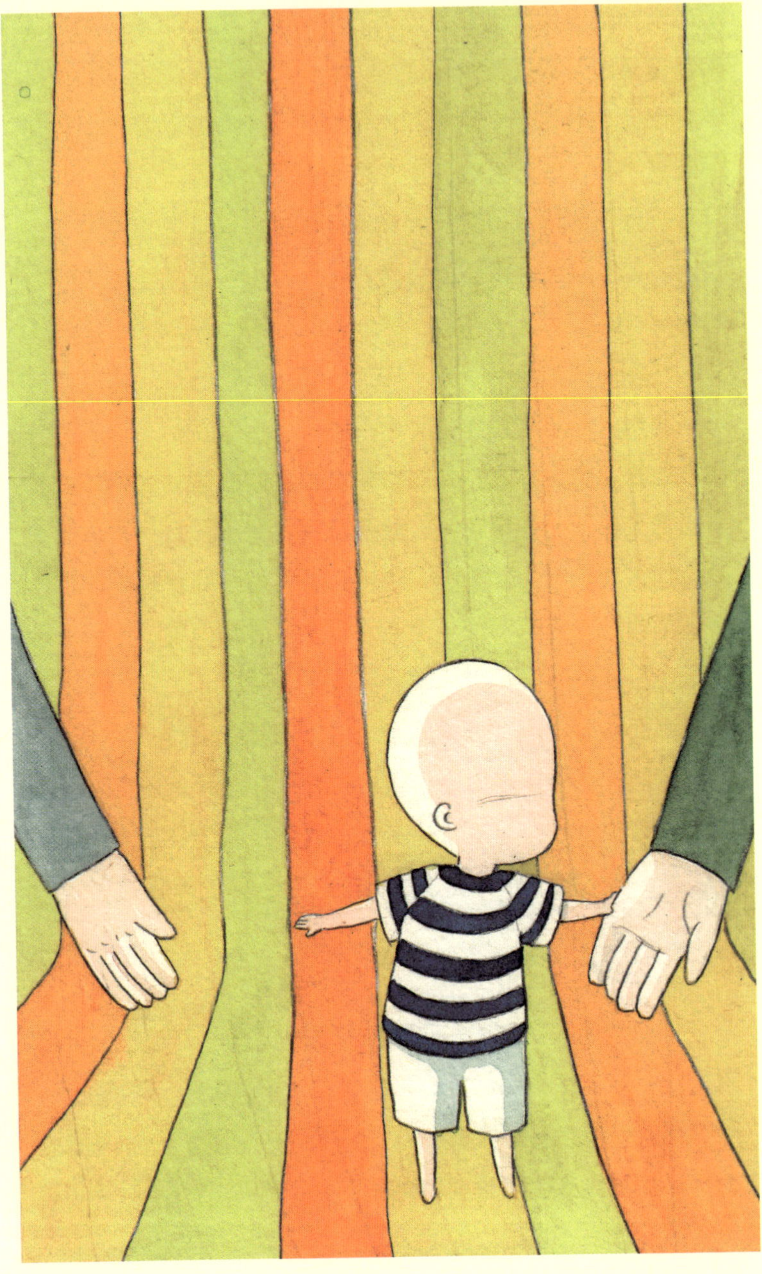

另外，茶汤一盏，清淡无味，能洗净人心。人坐高楼，拿着一壶茶，面对着流水长天，面对着烟柳画桥，此时，一切欲望，都如乐游塬上的暮霭，飘散在天地间，飘散在夕阳里，了无痕迹。此时，风吹过，自己就如一个空壳人，仿佛能照透夕阳，照透晚霞。而沉入禅意里的一颗心，也是如此，行到山尽处，坐看云起时，其他一切得失荣辱，都是昨日的一场梦，早已不知去向。而眼前的一切，都如春花秋月，生长在一种光风霁月里，生长在一种大美中。

僧人眼中，并非万物皆空。

僧人眼中，一切名利肮脏之想都是虚无的，至于一切自然的东西，都是美的，都如佛指一花，自然雅致。

其次，茶味淡然淳朴，与禅意淳朴如出一辙。

一般人饮茶极为讲究，必须有茶寮，茶寮或为小楼，或为精舍。房内得挂着名人条幅，写着"禅茶一理"四字，龙飞凤舞。屋内桌椅，一律用梨花木家具，雕花镂纹，古色古香。桌上得供着鼎、钟、鬲等古董。至于香炉里，当然有沉香一缕，香气婉转。饮茶时，得有一二八女郎，长发披肩，横琴于前，十指轻挑，乐音如水，潺潺湲湲。此时，几个茶客，品茗静坐。

甚至，还得有一女子洗茶具，泡茶，慢慢一招一式行来。

这些，都和茶性相违。这些，也都和禅意相违。

禅茶一道，讲究自然，讲究淳朴。

极品的饮茶环境，就是佛寺。一个人在红尘太累了，就躲进深山古寺里，住在一间禅室里，对着窗外清风明月，泡上一壶茶，拿着一本佛经。或者什么也不拿，就那么独坐着，听着寺庙里的钟声，无声品茶，最是相宜。

此时，不必剃发，不必诵经，人也成为尘世的僧人。

四

大概因为茶禅渊源很深，僧人至于茶，十分钟情。煌煌一部《红楼梦》里，最善于饮茶的，无过于栊翠庵的妙玉。妙玉是带发修行的尼姑，诵经之外，尤长于煮茶。她有一句名言："一杯为品，二杯即是解渴的蠢物，三杯便是饮牛饮骡了。"

她这儿所说的"品"，就是品茶的清净淡然。

为了让茶性趋向完美，趋向洁净，她收集梅花上的积雪，放在瓮里，埋在地下，三年后取出，烹后泡茶。但是，我读后总觉得这有点大小姐的讲究，过于繁琐，反而远远背离了茶性，也背离了禅意。

一般人喜欢在深山野寺里饮茶，觉得这才符合禅中清静之趣。

一般人喜欢在老柳古木下饮茶，觉得这才符合禅中自然之理。

也因此，很多茶诗，都和寺庙有着千丝万缕的联系。宋人林逋道"春烟寺院敲茶鼓"，诗句很韵，犹如露珠，可是，寺庙春雨里茶烟袅袅，为什么要敲茶鼓呢？另一个宋朝诗人陈造也写过"茶鼓适敲灵鹫院"的句子。后来才知道，宋朝寺庙，"法堂设二鼓，其东北角者为法鼓，西北角者为茶鼓"，法鼓为诵经所用。至于茶鼓，就是禅院煮茶，击鼓传号，让僧人齐集饮用。

也因此，和尚皎然爱茶兼爱菊，他将茶、菊并列道："九日山僧院,东篱菊也黄。俗人多泛酒,谁解助茶香。"在僧人的眼中,酒是俗物,茶才是雅物,茶香菊味,相得益彰,是与佛理相通的。

汉文化走来的读书人,爱茶,也爱谈佛。坐在书房里,对着窗外的芭蕉夜雨,对着一盏灯,喝茶,或者品读佛经,一颗心也如雨中的芭蕉叶子,青葱一片,浑无尘埃。

生命很短,红尘很长。

生命简单,人世复杂。

一杯茶汤,让人生归于平淡。

一部佛经,让生命归于宁静。

茶让人看得淡,佛让人放得下。

五

我问佛,为什么饮茶让人心净?

佛说,因为茶性和禅理相通,能够滋润一颗已经结茧的心。

我问佛,为什么饮茶让人无欲无嗔?

佛说,因为茶汤洁净透明,能将所有的欲望化解,能让所有的愤怒消融。

我问佛,为什么饮茶后心底了无一痕?

佛说,因为茶在你的心里种下慧根,让你行走尘世,看淡一切,包括名位,包括钱财,将一切得失看作微尘。

我问佛,为什么饮茶后天地空明?

佛说,因为茶汤洗净了你的瞳仁,你看花是花,看鸟是鸟,看一切都用一双原生的眼睛。

怀揣佛念，心如白莲

一

佛是外来的，来自印度。

据史书载，在两千年前的一个晚上，汉明帝刘庄"夜梦金人，项有白光，飞行殿庭"。第二天问及此事，有人告之以佛。于是，他派出郎中蔡愔、博士弟子秦景等"使于天竺"，回来时，带着很多经书，千里迢迢，关山阻隔，当然不可能用人驮着。

驮经的，是一匹白马。

经文，驮到东汉国都洛阳。

经文收藏之处建一寺庙，名白马寺。

白马寺山门以朱红为之，拱形宫门，黑瓦重檐，犹如宫廷大殿。这种建筑，也是皇宫之外寺庙所独有的，从此，树林掩映处，山弯水绕处，总有寺庙一角黄色屋脊出现，或一面红色墙壁出现。

人站山门前，自有一种庄重之感，扑面而来。

心,也自会沉静。

白马寺寺址,选在风景之地,北依邙山,南望洛水,梵殿宝塔,掩映林间,重楼高耸,俯视山塬。

这些,亦成为中华文化的另一源头,即佛寺文化。

此后,佛寺选址必与山水照应,与自然契合。也因此,寺庙成为山的一景,与山水和谐一体,清新如诗,优美如画。以至于诗人诗中,寺庙或藏深山,露出一角;或花如海,春如潮,四月芳菲已尽,这儿桃花如霞;或曲径通幽,山光宜人,树色掩映,钟声悠扬。

从此,山水之间,山寺楼台,成为一种景物。

从此,晨钟暮钟,成为红尘之外一缕最净心的声音。

从此,汉文化在儒道之外,多一元素,为释。

从此,中国人的心灵,更加丰富多彩。

二

佛不同于儒和道。

儒和道,都产生于中国本土,产生于竹简和木片的年代。儒具有社会性,激励世人,建功立业,走入社会。因此,孔子一驾马车,奔波天下,"明知不可为而为之"。道则反之,让人走入自然,徜徉山水,归隐田园,保持个性。

两者有长处,也有缺点,它们如药,既能治病,可也有毒性:儒让人走入红尘,服从社会,造福人类,固然没错。因了它,中国文化中,士人一直保持着一种积极进取的精神;华夏几千年文明,也一直走在世界前列。

可是,人一旦陷入红尘太深,陷入功业太深,难以自拔,就会为了目标不择手段。

中国士人中，有杜甫、陆游、文天祥等，为百姓与国家，放声歌唱，甚至不惜牺牲个人生命，从而流芳百世。但也有李林甫、秦桧、严嵩之辈，为了权利，不择手段，祸国殃民，遗臭万年。

道，同样也有两面性：一方面，它让人保持个性，保持本色，以至于中国几千年的知识分子，一个个都潇洒出尘，犹如白云野鹤，雪地梅花，卓然不群。可是，如果人人都如陶渊明，挂一叶帆，归园田居，喝酒吟诗，这个社会又会陷入瘫痪，成为一片废墟。

就在儒道针锋相对，难分高低时，佛横空而来，梵唱一声，进入其中，鼎足而三，保持了一种平衡。

儒，让人拿得起。

道，让人看得开。

佛，让人放得下。

三

佛如西天的一片白云，飘然而来，让中国读书人，在书香琴音中，或在砚台桌案旁抬起头来，耳目一新。

从此，文人案头，不只是有《论语》一卷，《老子》一卷，还有佛经一部。从此，中国的文化人手摇拂尘，谈玄论道之余，心中还有一朵莲花在淡淡盛开，馨香暗放。

儒者进入社会，如一柄剑，只知进，不知退，结果，只有两条道路，要么解决问题，走向成功；要么咔吧一声，折断自己。

而道呢,说是看得开,其实并没看开。他们正因为看不开,所以,才衣袖一拂,飘然而去,每天看白云,观飞鸟,南山锄豆,东篱采菊,与社会采取不合作态度。

刘长卿所歌颂的道人"涧底束荆薪,归来煮白石",是他想当然的,历史上,从来没有这样白云野鹤一样的道者。

道家的肚皮里,有满腹的不合时宜。

庄子是道家之祖,和老子并列,被合称"老庄",他的著作也被道家称为《南华经》。他就是一个满腹牢骚的人,他高调宣扬"无材之用",说白了,就是对自己有材难为用的不满。当妻子死后,他鼓腹而歌时,与其说是他洒脱,不如说是他对这个社会的伦理发起挑战。李白推崇道学,学习炼丹,学习道家的飘然出尘,他说自己"且放白鹿青崖间,须行既骑访名山",一种仙风,扑面而来,让人叹为观止。可是,在诗歌的结尾,他的一句诗一不小心透露了自己的心声,"安能摧眉折腰事权贵,使我不得开心颜":一切,原是对达官贵人的不满,对社会原有秩序的不满。

文人选老庄之路,走入白云深处,笑看青山,茅亭鼓琴,白屋品茶,溪边看荷,一般而言,都是为了消解心中的不合时宜。而佛,更是消解这些的一剂良药。

怀揣佛念,心如白莲

四

佛认为一切是空的，这对儒家而言，对道家而言，都不啻一声棒喝。它让儒家在努力进取的同时，也找到一条人生的退路，一切功名，一切富贵，都是春梦一场，梦醒后，一切都不存在。

它如一盆水，给极力钻营者兜头一浇，让他清醒。

它让士人在进取的同时，又能适可而止。

王维，是一个典型的儒家知识分子。

年轻时，他和所有盛唐诗人一样，有一种投笔从戎、驰马塞上、建功立业之想，因此有《从军行》等诗，或抒发自己"日暮沙漠陲，战声烟尘里。尽系名王颈，归来献天子"的豪迈；或有"少年十五二十时，步行夺得胡马骑。射杀山中白额虎，肯数邺下黄须儿"的豪壮；或有"大漠孤烟直，长河落日圆"的雄浑。可是，随着朝政日非，失望之余，他看透世事，长袖飘飘，隐入辋川别墅，用佛来消解心中之愁。

他的心，慢慢变得清净下来。

他的诗，也逐渐充满一种禅境。

在诗中，他营造了"明月松间照，清泉石上流"的清静；他营造出"月出惊山鸟，时鸣春涧中"的幽静；他刻画出"独坐幽篁里，弹琴复长啸。深林人不知，明月来相照"的寂静。正是这种静，让他的心空静下来，让他的功名富贵之念，化为了辋川山间的一片白云，飘然飞散，了无踪影。

后来，安禄山攻入长安，很多热衷功名富贵者，抛却廉耻，卖身投靠。而他拒不任职，成为鸡群之鹤、污池之莲。

不久后的李白，则受到另立朝廷的永王李璘聘请，担任官职，险些被唐朝廷诛杀。佛之空静，实在能时时拂拭人心。

神秀禅师道："身是菩提树，心如明镜台。时时勤拂拭，勿使惹尘埃。"

佛，真能拂拭人心的红尘。

五

佛进入中土后，立刻受到文化人的重视，甚至亲近，一系列高僧，本身就是文化人，剃却长发，遁入空门。远的不说，近代的苏曼殊、弘一法师，就是这样的人。

而在遥远的唐朝，诗人们更是与僧人相互交往，相互唱和。从而，他们的诗中，也极具禅意，让人一见清心。

有诗人说："因过竹院逢僧话，又得浮生半日闲。"

也有诗人道："溪花与禅意，相对亦忘言。"

更有诗人语："薄暮空潭曲，安禅制毒龙。"

一声佛唱，一声木鱼，让几多文人心如莲花，性同白云，面对世事，"行到水穷处，坐看云起时"，使得中国文人即拿得起，又看得开，更放得下。中国文化，也因此既有红尘之思，又有潇洒之意，更有清白之韵。中国文人，一路从竖行文字里走来，既有"位卑未敢忘忧国"的品行，又有"事了拂衣去，深藏功与名"的洒脱，更有着"富贵于我如浮云"的闲雅。

佛，从古到今都一直润泽着人心，也成为中国文化的一部分。对于佛的作用，被称为"诗佛"的王维，用一句话阐释得很清楚："一生几许伤心事，不向空门何处销。"

一个"销"字，用得极为恰当。

人世间得失太多，红尘太重，看别人"腰缠十万贯，骑鹤下扬州"，我们眼红；看别人出有车、入有鱼，我们心酸；看别人穿金戴银，我们心有千千结，难以开解。

这些，都需得消解。

红尘中，金钱害人，美色诱人，功名利禄更让人难以把持。我们一不小心，脚步一歪，将会滑入污泥，万劫不复。因此，需要用佛来消解，让这一切都如云烟一片，消失在江风流水中。

儒，让人心热烈；道，让人心浪漫；佛，让人心净白。三者合一，被称为儒道释人格，它，是中国文化的精髓，过去是，现在是，将来也是。

白沙的灵木

一

树木也有灵性，沉香，就是这样。

一串沉香木念珠，就那样随意地挂在腕子上，一股淡淡的馨香，沁入鼻端，沁入心中。心中，自会一片空明，一片洁净，犹如一片水光。

沉香，能养心。

沉香，更能养神。

在佛界，沉香几为圣物，僧家称为"栴檀"。总有高僧，挂一串佛珠，以沉香木为之，一手合十，一手数着念珠，闭目向天。此时，手指捻着珠圆玉润的珠子，心如止水，毫无渣滓。僧人重沉香木，并非重其价高，是重其一缕清香，能够润泽灵台。

晨钟暮鼓，木鱼声声，僧人手捻念珠，一缕清新的木质清香缭绕鼻尖，沁入心中。此时，一颗佛心真如一茎绿草沾一滴露，纤尘不染。神秀禅师道："身是菩提树，心如明镜台。时时勤拂拭，勿使惹尘埃。"

人穿行世俗，怎能没有沾染？大德高僧尚且如此，何况常人？一缕沉香的清香，最宜拂拭心灵，清净思虑。

有人说，沉香手珠带的时间一长，人则面如桃花。这不是夸张，是当然的，一颗轻盈如云、洁净如水的心，是舒畅的、清闲的。具有这样心情的人，如何不面色红润呢？

沉香，养心之外，兼及养人。

二

在沉香中，白沙沉香，属于沉香的极品。

白沙沉香，细说起来，有两个概念。

第一个指的是海外的一种沉香，属于上品沉香木，其油线明显，清香如梦，戴在腕上，有一种微凉之感，如一袭薄薄的露光，沁入心脾，入人肺腑。

但是，其中易有赝品。

有的地方产一种老藤，曲屈盘旋，犹如虬龙，木质坚硬，似于沉香，其名"花奇楠"。此木，也生油脂线，做成珠子，油脂线与沉香木十分相似，几乎乱真。

但是，此珠无药用价值，难以如沉香那般有降气、纳肾温中、清肝之功效。

因此，此珠不养人，也难养心。

另一种，则是海南白沙县的沉香。

海南产沉香，自古为极品，这其中也有白沙的。宋代苏轼，花甲之年，曾被贬海南，见此地百姓普遍种植沉香，以之为业，于是在其文章中道："海南多闲田，俗以贸香为业。"也就是说，这儿的百姓，大多以栽种沉香木为业。

白沙的沉香，乃至海南的沉香，出现之后，即名甲天下。海南沉香香清，没有一点浊气，清新，清凉，沁入人心，如草尖露珠，晶莹无尘。海南沉香纯，带着一种独有的草木香，自然，真纯，如美女一笑，如天边彩虹。

因此，白沙，乃至海南沉香一出，人人争购，以至于医圣李世珍在他的《本草纲目》中道："海南沉香，一片万钱，冠绝天下。"

三

海南白沙沉香，在古代装船出岛，一帆风起，直送中原，从而成为中原人的爱物。它进入宫廷，焚于朝堂的仙鹤香炉中。

过去，有人认为，这是一种奢侈，一种排场。

这显然是错的。

《本草新编》道："沉香，温肾而又通心……"通心，也就是净虑，也就是让人心气平和。宫中燃此，目的很简单，就是让皇帝与大臣，在袅袅沉香烟中，心地平静，犹如止水，这样，处理国事，避免感情用事，走向极端。

净心之外，沉香还可涵润斯文。

古人书房，一定会燃一缕沉香。

读李清照词，其中有"薄雾浓云愁永昼，瑞脑消金兽"的句子，私下认为，这金兽香炉里燃着的该是沉香了。闺中清幽，窗外掩映一株芭蕉，夜雨零落，如听诗韵；晴日如洗，绿色映入房内，绿影摇曳，十分舒闲。

此时，金兽香炉里，香味伴着蓝烟袅袅升起，犹如梦境。词人或看书，或填词，有时倦了，对着那缕淡得几乎看不见的烟，长叹一声道："帘卷西风，人比黄花瘦。"此时心情缱绻，如这沉香木的细细香味，缥缥缈缈，没着落处。

后来才知，瑞脑香并非沉香木为之，是龙涎香制造的，心里就有一种缺憾，如李清照这般清新淡雅的女子，怎能不用沉香呢？是因为用不起，还是手头没有？而宋朝的另一著名词人周邦彦的"燎沉香，消溽暑"中用的，则明显是沉香了。

另外，文人弹琴，也爱燃一炷沉香。

此时，房子净白，日光映墙，竹影斑驳，姗姗可爱。墙上挂一名人字画，桌案上陈列着笔墨纸砚。一个人盘腿独坐，横琴于前，在一缕沉香细烟中，清心净虑，手指轻拨，一片花开月夜雨打芭蕉的声音，飒飒而来。此时，人生的得失，世俗的荣辱，个人的遭际，都已随着香烟飘远，一直飘到了不着边际的地方。

房内，一炷香，一个人，一片清静。

有一个词叫"心清如露"，此时，弹琴人的心真如露珠一样。这，都是因了白沙的灵木——沉香。

四

小时，隔壁有一个女孩，长得很清秀，大大的眼睛，长长的睫毛一眨一眨的，蝶翅一样，一笑，笑纹便由鼻尖泛开，荡漾到脸上，再到腮边。

有一次，我砍柴，一不小心，刀砍在膝盖上，砍出一个口子，鲜血直流。

白沙的灵木

当时，大人都上坡了，她一见急了，忙拿了一块布，还刮了一些锅烟，给我摁在伤口处，小心翼翼地包扎好，然后眨着眼问："痛不？"

那时，她十五岁。

那时，我也十五岁。

她头发长长的，披在肩上，衬着一张白白的瓜子脸儿。身上有一缕若有若无的香，让人嗅着，心情一静，仿佛忘记了疼痛。她看人时，有时会微微眯着眼，有一种迷离朦胧的感觉，如一阕清韵的小词。见人看她，她则会红了脸，低着头，眼睑低垂着，微微地望着自己的脚尖。

多少年过去，她早已嫁人，可是，那大眼睛，那长睫毛，还有"痛不"的询问声，仍在我十五岁的记忆中时时出现，从未忘却。

她有一个特别的名字，叫沉香。

多年后，在白沙看见沉香木时，我再次想起我的少年时光，想到十五岁的她。我想，白沙的沉香也一如她吧，能给人一缕牵牵绊绊的相思，能在人心灵深处沁入一缕若有若无的香味，让人在重浊的中年，沿着记忆每每走回少年，走向那片干净的世界，走向那片忘却所有世俗肮脏的世界。

有个女孩叫沉香。

有种灵木叫沉香。

还有一种洁净的心情叫沉香。

五

我去白沙是夏天。

白沙是一处山水清秀之处，天蓝如洗，水白如练，高高的椰子树随风摇曳,将一种青绿拂面送来。到了黄昏的时候,远远望去,椰子树在远处的夕光下,裁剪出一个个黑红的影子,天边也沁入葡萄酒般的红晕。

此时,旅游累了,应当泡一个温泉澡。

泡温泉澡最好的地方,应是七坊镇木棉温泉。在绿树红花间,是洁净的温泉,有大池,也有小池,每一个池子的水都清亮如女孩的眼光,白净如婴儿的笑声,纯洁如恋人的情话,汩汩流淌,日夜不息。一片水汽薄薄散开。据测试,水中含有硫黄,有益于人体健康。人入池中,热气上涌,淡淡的硫黄味弥漫鼻端,十分舒畅,浑身每一处毛孔,好像都舒畅地张开着,吸纳着洁净清纯之气。

我在这儿用"泡"字不用"洗"字,是因为,洗带着目的性,而泡则是随意的。在这儿,一切都应带着随意性,随意地躺在水中,山色入眼,翠色沁心,满心清闲。待到泡掉一身的疲劳、一身的沉重,然后起来,买一串白沙的沉香念珠,进入宾馆房内,泡一壶白沙绿茶,盘腿而坐,数着沉香念珠。

白沙的天空,到了晚上,干净如一块蓝玻璃,没一丝云翳。因为天净,月光也就清亮,白白净净地照着。此刻关了灯,任一地月光如水,任思念淡淡一缕浮起。在淡淡的思念中,数着白沙的沉香念珠,听着自己心灵的回音,不着一声。

此时,身净。

此时,心净。

此时,灵魂亦净。

任尘世红尘滚滚,名利熏人,而你,在白沙小镇的宾馆中,化身一朵洁净的莲花。

不等那些人

年迈体弱、多年没有行脚的道则禅师,接到一个邀请他出席一次大型法会的请帖,请帖是山下城市里一个慈善机构送来的。主办方还捎来口信,请求他在法会上讲话致辞,他欣然应允。

可是,法会开始的那天,天公不作美,狂风骤雨、山洪肆虐。寺院里的方丈和众弟子们都劝他推迟一下再去或干脆不去,毕竟是安全第一。道则禅师说:"答应人家的事,哪能食言呢,即使被洪水冲走,我也要去!"

一看拧不过他,方丈就说:"既然这样,就派一个沙弥与你同行吧,路上也好有个照应。"

"那哪成呢?"道则禅师断然说道,"多去一个人,不是又多一份危险吗?我答应的事,理应由我去践约,牵连别人干什么?"

说着,道则禅师衣袖一甩,转身而去,消失在山洪轰鸣的烟雨中。

可是,待道则禅师按时走到会场时,由于天气恶劣,与会的人们大多还都没到。主持人非常感动地谢过老禅师之后,就对老禅师说:"因为天气,人还不全,稍等一下,您再致辞开示吧。"

道则禅师说:"不等那些人,现在就讲。"说着,老禅师就冒雨走上主席台,对着仅有的几个与会者,兴致勃勃地开始讲经说法。

不等那些人

木鱼与钢刀

通义禅师在化缘归来的路上,遇到一个拦路抢劫的歹人,歹人手持钢刀说:"把所有的钱财留下,留你一命不死。"

通义禅师不慌不忙地从怀里掏出一个吃饭的碗和一个化缘的木鱼,微笑着说:"就这些,看对你有没有用处。"

"我要个破碗和木鱼干什么?我又不是和尚!"歹人怒号道。

通义禅师依然心平气和地说:"我知道你不是和尚,可我就只有这些东西呀。"

听到这里,歹人也真的消了火气,不屑地说:"你这个可怜的穷和尚!"

"我可不穷,"通义禅师用手一指说,"你看看那名山大川,你看看那古刹新宇,你看看那清风明月,全是我的,怎么能说我穷呢?"

歹人也不示弱,比画一下手中的钢刀说:"你拿着木鱼化缘千家,不如我手持钢刀拦劫一人。"

"这么说,你家肯定富贵有余、楼瓦雪亮了?"通义禅师问那歹人。

歹人马上拉下脸来,哭丧着脸说:"若是那样,我就发达富贵了!"

"我看你永远发达富贵不了!"通义禅师接着说,"你见过因抢劫而成为富贵人家的吗?"

歹人马上垂头丧气地说:"那倒没见过。"

"你手里的钢刀不如我怀里的木鱼,你心中的邪恶更不如我心中的善良。"通义禅师语重心长地说,"古今中外,贤者留名,恶者自毙,这是颠扑不破的真理啊!"

歹人听到这里,还真被通义禅师说服了,他放下钢刀,跟禅师上山了。

蝈蝈诵经

元觉寺依山傍水,林木参天,草木茂盛,一年三季鸟语花香、虫鸣蛙唱。这得益于该寺院的僧众们热衷大自然、爱护大自然、师法大自然的传统法德。

方丈兴慧禅师就是一个酷爱大自然、师法大自然的高僧。有一次,他静静地坐在禅房里,既不是坐禅,也不是休息,微眯着双眼,一副沉迷陶醉相。有比丘看到了,就好奇地问他在干什么。他说:"在听佛经。"比丘纳闷地说:"哪有人诵经啊?我怎么没听到有诵经的声音?"

"是蝈蝈在诵经。"兴慧禅师非常认真也非常得意地说。

比丘好奇而惊讶地问:"蝈蝈也会诵经吗?"

"当然会啦,而且诵得特别好。"兴慧禅师欣悦地说。

筷子书法

归一禅师的书法艺术造诣颇深，尤其是他的硬笔书法，自成一体、别具一格，堪称一绝。最值得称奇的是，他随手拿起一样东西就可以做笔，就可以龙飞凤舞地写起来，像树枝、草茎、芦苇、藤蔓什么的，都可以作为他的书写工具。而他最常用、最顺手的就是吃饭用的筷子。而且，归一禅师的书法大都是随心随意而为之，一般都是蘸水、蘸茶直接写在桌子上、石板上，或什么都不蘸直接写在地上，很少写在纸上、绢上，就别再说装裱什么的了。

玉莲居士却珍藏着归一禅师写在宣纸上的一幅"墨宝"——用筷子蘸浓茶书写的"禅"的真草隶篆几种写法。那是归一禅师来做客素餐的时候，知悉归一禅师"习性"的玉莲居士提前在饭桌上铺了层宣纸,并为归一禅师沏了一杯浓茶。吃饭闲聊的当儿,玉莲居士便有意问禅师"禅"字的几种写法,诲人不倦的归一禅师顺手拿起筷子,在桌面(宣纸)上一一写下"禅"的各种写法。待老禅师辞行之后,玉莲居士就把这幅"墨宝"非常珍惜地收藏了起来。

镣铐和枷锁

通融禅师是四海为家的云水僧,赶路、化缘、弘法布道是他每天的功课。有一天,在一条山路上,他遇到两个手持钢刀的土匪,押着一个脚镣手铐、脖子上还扣着大木枷的敌方的土匪。于是,他就如影随形地跟着这三个人一路走去。在路上,他还学着那个被擒土匪的模样和走动,举着双手,行走"困难"。

两个押解的土匪感到纳闷,就停下来问通融禅师:"你怎么老是跟着我们走呀,举止还怪怪的?"

"我也是押解敌人的。"通融禅师非常认真地说。

两个解差更纳闷了,不解地问通融禅师:"你押解谁呀?没看到你押解的人啊?"

"我押解的是我自己。"通融禅师着意比画比画与被擒土匪一样举着的双手。

两个解差就笑了,说:"你这个和尚真幽默,你押解自己到哪里去呢?"

"你们到哪里去,我就到哪里去。"通融禅师也笑着说。

两个解差就板着脸说:"我们去法场!"

"我也去法场。"通融禅师也板起脸说。

两个解差就哭丧着脸说:"我们去法场是杀人的,你去法场干什么?"

"我也去杀人!"通融禅师也哭丧着脸说。

两个解差比画一下钢刀,又指指被擒土匪说:"我们是去杀敌人的。"

"我也是去杀敌人的。"通融禅师顺口说。

"你杀什么敌人,是谁啊?"两个解差疑惑地问。

"杀我自己,敌人是我。"通融禅师大声说道。

两个解差更加迷惑了,赶紧问通融禅师:"你为什么杀自己?敌人是你自己吗?"

"我不杀自己,自己早晚也得死,再说了,我遇见为了混口饭吃就不惜替别人当炮灰、当刽子手的解差,还有为了混口饭吃,为别人卖命,束手被擒的战败者,却不能挽救你们,让你们脱离苦海,回头上岸,我不是自己的敌人又是什么呢?就凭这一样,我今后再也摆脱不了沉重的脚镣手铐和精神枷锁。"通融禅师一五一十地说。

两位解差听到这里,停住不走了,招呼被擒的匪兵也坐下来,一同听通融禅师为他们开示指路。最后,两位解差劝说那名败兵赶紧逃命,回家养老抚小,耕种去吧。他俩释放了被擒者之后,也各自放下屠刀,回家种田去了。

寺院里的老鼠

山下闹水灾，寺院里的老鼠日益多起来，不仅肆无忌惮地争吃供果，还张狂地啃木质的佛像、咬僧人的衣物。任僧人们怎么驱赶、怎么保护，也难免受老鼠们的侵害和扰乱。众僧看在眼里，恨在心头，而又不愿犯戒去杀生。

有一天夜里，寺里的老方丈忽然把几把破旧的鸡毛弹子点燃了，浓烈的异味把众僧都引过来了。有人不解地问方丈："您把它们都点燃干什么？鸡毛燃烧的气味又不好闻。"

"我在请大仙。"老方丈慢条斯理地说。

有人更迷惑了，就问什么是大仙？哪里有大仙？

"大仙来了之后，你们就知道了，哪个山上没大仙啊。"老方丈说，"你们都回房休息或者值更去吧，大仙怕见人，别影响大仙们的到来……"

僧人们就疑疑惑惑、懵懵懂懂地各自走开了。

不大一会儿，寺院里忽然热闹起来——无数的黄鼠狼不知从哪里忽然窜出来，追得老鼠们到处跑，咬得老鼠们乱叫唤。经过多半夜的折腾，一夜之间，僧人们发现寺院里的老鼠们死的死、伤的伤、逃的逃，几乎绝迹了。

直到这时，众僧才恍然大悟——老方丈所谓的大仙，就是寻味而来的老鼠的天敌黄鼠狼啊！

第四章

禅不可说

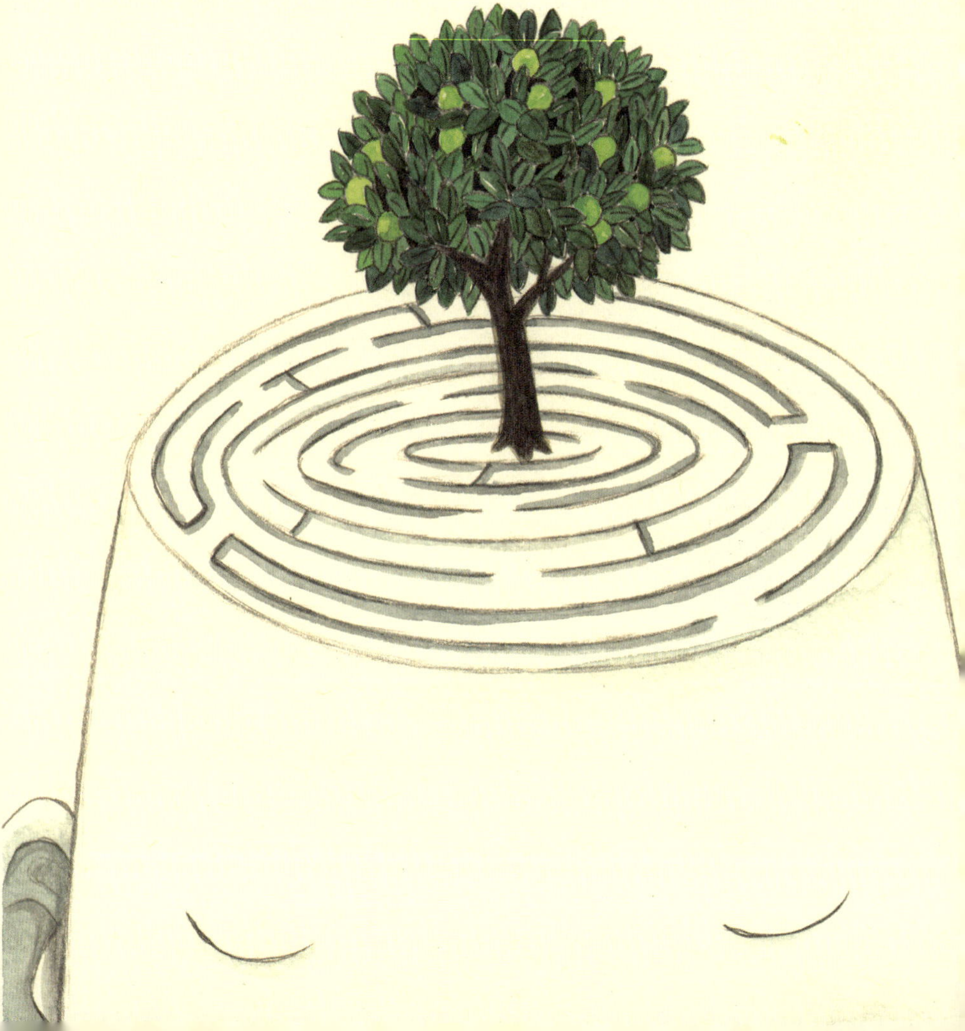

只可意会

一个心猿意马、六神不定的沙弥，问释修禅师："你天天打坐入定，你能告诉我你入定以后的心理状态吗？也就是说，你在坐禅的时候，脑子里都在想些什么？"

释修禅师说："只可意会。"

小沙弥又说："既然你的禅修只可意会，那又有什么意义和价值呢？我跟你学禅，总不知你的心要和妙境，到头来不是白学了吗？"

释修禅师说："不可言传，但可身教。你跟我参禅的光景，总比猜拳行令境界高吧？"

"那倒是，可是我怎么老是胡思乱想，参不到主旨呢？"小沙弥诚恳地说。

释修禅师说："体静心自动，胡思乱想其实是一种思维的寻觅和理顺，无需着意追寻什么主旨，随心便是了。"

禅师言下，小沙弥终于心领神会。

盲 僧

清觉禅寺有一位心明禅师,是一位盲人,他悟性很高、感应灵敏,对禅对世间万象有另一种观察和体悟。而他脸上常年挂着祥和的微笑,更是令人为之动容。

有一天,心明禅师正坐在寺院的石凳上晒太阳,有一位信众看到他笑眯眯的自在相,就问他:"您老笑什么呢?"

"笑这明媚温暖的阳光!"心明禅师顺口答道。

有一天,阴雨连绵,心明禅师坐在禅房里参禅,一位前来上香的居士看到他笑眯眯的恬然的样子,就问他:"您老笑什么呢?"

"笑这润物无声、金贵如油的春雨!"心明禅师顺口答道。

有一天,寺院里游人稀少、冷冷清清,心明禅师在寺院里悠闲漫步。有一位前来挂单的云水僧看他笑眯眯的神情,就问他:"您老笑什么呢?"

"笑那高山流水,笑那鸟语花香!"心明禅师顺口答道。

有一天中午,心明禅师坐在一棵大树下打盹,有一位女施主看他打盹的时候还笑眯眯的样子,就问他:"您老笑什么呢?"

"笑你看我时怪怪的表情,笑我又将有个美丽的梦境!"心明禅师顺口答道。

哑 僧

寺院里接受了一个又聋又哑的流浪儿,方丈亲自为他剃度,使他成为一个皈依佛门的小沙弥。

可是,他只能默默地学习、默默地诵经、默默地开悟和成长。不过,他每次出去化缘,却都能满载而归——因为他只能勤勉地敲击木鱼,既听不清别人说话,自己又不能说一句话,无论施主们向他说什么、向他如何解释,他都"置若罔闻",只顾敲击木鱼。这样一来,施主们反倒有了压力,甚至感到神秘或不可思议,就赶紧地施舍甚至慷慨解囊。

而那些耳聪口健、伶牙俐齿的僧侣们,因为便于沟通,反而失去不少结缘的机会。语言反倒成了障碍和累赘。

后来,他在书法和著述方面都取得了惊人的成绩,成了公认的、远近闻名的高僧,但是他最终没能做方丈,因为他自己的悟性再高、修行再深,却不便于传授给别人,更不便于超度众生。

云 水 僧

一位云水僧路经某地，到一座寺院里挂单。与该寺院的禅师有一段精彩的对话：

禅师：欢迎，欢迎！

云水僧：不欢迎也得来。

禅师：一路挺辛苦！

云水僧：深院也寂寥。

禅师：弘法似云，扬法如雨，何必四处行旅？

云水僧：寺院山高路远，施主不便造访，洒家只好主动上门了。

禅师：佛教圣地多深山，云水长途脚自乱。

云水僧：寺院弘法自然安逸，四海布道不亦快哉。

禅师：日出东海，佛归寺院。

云水僧：日月均在云天外，青灯犹在深刹中。寺院门里你为主，山道尽处谁是客？

不日，禅师也做了四海为庙的云水僧。

追 随

平觉禅寺来了一位名叫省了的沙弥,他来到禅寺不久,就开始着意模仿寺院的方丈遁无禅师。无论是遁无禅师的仪态神情,还是遁无禅师的日常习惯,他都认真模仿。一段时间之后,就连遁无禅师说话的口气和言谈举止,他也模仿得惟妙惟肖。尤其是遁无禅师读过的书、念过的经,他不仅找来认真钻研,还非常熟练地背诵了其中的大部分章节,有些重点章节,他甚至能够倒背如流。他基本上成了遁无迷、遁无的热衷追随者,一如那些狂热的追星族。

省了的所作所为不仅引起了僧侣们的好奇和非议,也引起了遁无禅师本人的好奇和关注。为了验证省了的内在素质和修禅程度,遁无禅师瞅准机会,就让省了参一些公案或话头。例如,遁无禅师让他参"赵州无"的话头,他就说:"黄鹤一去不复返";遁无禅师让他参"指月之别"的公案,他就说:"花开是本性。"

于是，遁无禅师开始喜欢，并重点培养起省了沙弥来。再后来，省了沙弥成了省了禅师，并继承了遁无禅师的衣钵。

心 田

寺院坐落在山脚下,寺院的门外就是一望无边的沃野良田。春耕的季节,一个跟随大人到田间玩耍的孩童,在大人忙着耕种之际,溜溜达达地走进了寺院的山门。在孩童的心目中,寺院里的一切都是新鲜好奇的。当他溜到方丈的禅房时,慈兴禅师正在打坐禅修。

天真无邪的孩童见一老者盘腿打坐,就走进去问慈兴禅师:"老爷爷坐着干吗呢?"

"耕田呢。"慈兴禅师知道孩子是从田间跑来的,就顺水推舟地说。

一脸诧异的孩童就直截了当地说:"你一直坐着,还闭着眼睛,怎么耕田呀?"

"我是耕心田。"慈兴禅师说着用手指了指左胸。

孩童更加迷惑了，他不解地摸着胸部说："心里也有田地吗？这点小地方，连个耩子都放不下。"

"这地方可不小，大着呢，"慈兴禅师耐心地对孩子说，"等你长大后就知道了，比山大的是海，比海大的是天，比天大的是人心，谁把自己的心耕耘好了，谁就有个丰足的人生……"

孩子似懂非懂地笑了，喃喃地说："我也知道什么是心了，心就是想多大就有多大呗，比地主家的地都多。我现在还不大会想，等我长大了再想再耕吧。"

心 眼

一个法号慈云的比丘尼,因参禅受挫,带着满腹疑问,千里迢迢赶来探访慈切禅师。就在两位尼姑姐妹一样亲切交谈时,慈切竟然笑嘻嘻地闭上了眼睛。

慈云一上来没在意,仍然与慈切话来话往,可是,过了好长时间,慈切依然闭着双眼,慈云就有些疑惑。她问慈切道:"你是困了还是厌倦?怎么老是闭着眼睛与我说话呢?"

"我既不困,也不厌倦,正心眼圆睁,高兴着呢!"慈切满脸笑容地说道,"难道你大老远的过来,就只想看我个表面吗?难道你面对我时,连心眼也不想睁开一下吗?"

慈切言下,慈云醍醐灌顶,豁然顿悟。

心 贼

寺院里刚来了一批小沙弥。有天夜里，当新来的小沙弥们跟释心禅师做完晚修，回房就寝之后，就听隔壁的释心禅师大声喊道："捉贼啊！捉贼啊！"

小沙弥们连忙爬起，蜂拥着围向释心禅师的禅房。可是，谁也没发现贼的踪迹。有小沙弥就问释心禅师："师父发现贼了？他往哪个方向跑了？"

"有贼、有贼。"释心禅师一边说一边东西南北、上下左右地乱指一通。

并没发现小偷的小沙弥们，个个无所适从，就又各自回到他们的寝室继续睡觉。

谁知，时间不长，又传来释心禅师大声喊捉贼的声音。于是，小沙弥们又都赶紧爬起来……还是没看到小偷的影子。

感到蹊跷的小沙弥们就满心疑虑地围拢在释心禅师的身边，问师父究竟发现没发现贼。释心禅师非常认真地说："有贼、有贼。"他指指自己的心房（左胸）说："被我捉住，又放回这里了。"

直到这时，小沙弥们才开悟，领会了师父的一片苦心，懂得了收心、静心、安心的禅修门径。

烹禅煮佛

禅林寺院来了几个新学僧,老禅师安排厨僧为他们顿顿烹调佛手(一种象形植物),而且烹调的佛手,要由几个新学僧到菜地里亲手去摘。蒙得几个新学僧一头雾水,甚至有些胆战心惊,一边吃着一边忐忑不安地胡思乱想。

这还不算,他们发现,在专为他们准备的粥锅里,居然放着一座金佛,天天煮着。几个学僧提心吊胆、议论纷纷。

终于有一天,老禅师在禅堂里为他们讲禅开释,他们有了提问的机会。

学僧甲怯生生地说:"天天握佛手、烹佛手、吃佛手,于心不安……"

禅师道:"那就把心烹吃了,看它安不!"

学僧乙吞吞吐吐地说:"佛手应视为法物,饕之餮之,令人揪心!"

禅师道:"佛不揪心。"

学僧丙一脸疑惑地说:"金佛入锅,不仅失敬,而且罪过……"

禅师说:"知罪之心可救。"

学僧丁失口说道:"谁来救佛呢?"

禅师道:"佛祖慈悲,赴汤蹈火,何言以救?"

学僧戊依然迷惑:"佛祖可供,岂可煮?粥中煮佛,不是自找惭愧吗?"

禅师道:"佛自金身,欲煮弥灿,何来惭愧?"

……

一直沉默不语的学僧己,再也按捺不住心底的迷惑,虔诚地问:"禅师为我们烹禅煮佛,用意究竟何在?"

禅师道:"烹禅煮佛炼灵丹。"

众学僧顿时醍醐灌顶。

方丈门前的绊脚石

方丈禅房的门外，是用青石铺设的地面，奇怪的是，正对着禅房的门，有一块青石突兀地高出地面一寸有余。多少年来，不知有多少前来领教的僧人或前来探访的施主，被这块突兀的青石绊个趔趄，摔伤胳膊腿儿、磕掉门牙的也不鲜见。

这一天，有个刚刚皈依佛门不久的小沙弥，前来向方丈汇报化缘的事情，不小心被突兀的青石绊倒了，磕破了膝部、摔坏了木鱼。他不无愤懑地对方丈说："这是谁铺的地呀？活干的也太毛糙了吧？一块青石露出这么多，能不绊人吗？我一会儿找来锤和錾，非錾平它不可……"

方丈一边为他的伤口敷药，一边语重心长地说："这个世界上，坎坷不平、磕磕绊绊的地方多了，你能全部錾平吗？你应该吃一堑长一智，在走路的时候多加小心，尽量避免类似的苦厄发生才对。这块突兀的青石是我们的前辈特意设置和留下的，目的就是要我们认清人生之路的困顿，当然也包括走路要小心的提醒……"

救自己于水火之中

有一个叫通一的比丘,禅修多年,不得要领,就去请示心明禅师。心明禅师听了他的困惑后,二话不说,就领他来到一林间空地,燃起一堆篝火,就在火势正旺时,心明禅师一把把通一比丘推进火堆。通一比丘出于救命的本能,赶紧跳出火堆,并在土中打滚,迅速熄灭了身上的火苗。

就在通一比丘忙着灭火时,心明禅师又开始走路了,通一比丘一肚子委屈、一肚子火气地在后面追赶他。当通一比丘追上心明禅师时,师徒二人正好走到一座石桥上。没等通一比丘说话,心明禅师转过脸来,抱起通一扔到深不见底的河水里。通一比丘自然不肯被活活淹死,又扑腾着爬上岸来。

没等上气不接下气的通一比丘说句话,心明禅师就大声问他:"这回彻悟了吗?"

通一比丘如醍醐灌顶,真的大彻大悟了。

落叶的用处

深秋季节,月明禅寺准备举行一次布道祈福的大型法会。会议的各项事务基本上都备好时,知内外事和知客寮等会务组的僧人们却为了打扫不尽的落叶而犯愁——你前脚打扫干净了,它后脚又飘落了……

这一天,当他们再次召集众僧集中打扫院落和山道时,更慧禅师走过来,轻松一笑说:"其他的会务照办,这地上的树叶就不要打扫了。"

众僧听后,当然就不再打扫地上的树叶了,可是,他们都不明白为什么不打扫了,这么隆重的法会,届时汇集那么多的居士、信众及各界名流,寺院及山道上遍地树叶多不雅观啊?

直到法会那天,听了更慧禅师的发言,他们才领悟到老禅师的一片禅心。当与会的各界人士踏着沙沙作响的遍地落叶云集彩旗飘舞、佛乐轻扬的会场时,更慧禅师说:"为了迎接各位领导、各位贤达、各位居士和信众，贫寺准备了半年之久，历经春夏两个季节，寺院和山道上才积累了这么点儿薄薄的落叶，以此为毯，迎迓各路贵宾……"

与会的人们，先是一愣，稍顷都会心地笑了，接着是一阵经久不息的掌声。

为此，一位德高望重的居士还专门题了一句偈："萧萧枯叶落满地，历历葱茏枝头时。"他把更慧禅师的妙心禅意开悟得更深更透。

受罚的时间

一觉禅师在督促弟子们修业用功方面有一个不成文的规矩，每逢弟子们在静坐时打盹或在诵经时走神儿时，他不是用禅杖去敲击他们的脑袋，而是把他们赶到禅房外去罚站。即使三伏酷暑和三九严寒也不例外。

有一年深冬，外面下着鹅毛大雪，一觉禅师发现一个叫慧心的沙弥在静坐打禅时睡着了，就揪着他的耳朵把他轰出室外，罚站三个时辰。慧心知道自己错了，感到很内疚，就按师父的教训直挺挺地站到门外的深雪里，一站就是两个时辰。多亏细心的一觉禅师及时出来把他叫进室内，不然，他的双腿就有可能冻坏了，造成无可挽回的悲剧。

而另一年的冬季，也是一个风雪肆虐的夜晚，一个叫慧启的沙弥由于在修业时偷懒耍滑，被一觉禅师逮住并被揪到禅房外的风雪里。可是，当一觉禅师回房后，聪明伶俐的慧启马上在风雪中练起一觉禅师教给他的罗汉拳，而且练得非

常认真,虎虎生气、出神入化。两个时辰之后,当一觉禅师出来观望时,慧启依然气喘吁吁地打着罗汉拳,一招一式比先前有了明显的长进,飞舞的雪花和脚下的积雪被慧启挥舞踢打得纷纷扬扬、生动异常,大有落地生风之势。一觉禅师目睹此情此景,不但没愠怒,反而高兴地笑了,还走向前去指导了几个不太规范的招式。

后来,慧心成了受人敬重的厨僧,而慧启则升座为方丈,成为文武双全的一代高僧大德。

无字经书

禅林寺院里又来了甲、乙、丙三个新学僧,老禅师为他们讲禅开示辅导经文。两年之后,老禅师又让他们自己诵读经文。又过两年,在一个例行的斋日,老禅师发给每人一本厚厚的经书,让他们自己去研修。可是,当他们一一打开时,却发现,他们领到的都是一模一样的无字经书——整本书不见一个字,其实就是一册书籍样式的笔记本。

甲学僧看清楚之后,他以为是老禅师拿错了,马上找到老禅师,准备换一本。

乙学僧一看全是空白页,马上行动起来,把自己几年来

的参禅感受——记录在案,一页页地整理成书面材料,把无字经书变成了有字经书。

丙学僧则把这本无字经书看作禅师的良苦用心,认为里面充满了禅机,并以此为契机,天天捧着它参禅悟道,开始了另一种闭关苦修。

后来,甲学僧在禅林寺院里认认真真地修行了一辈子;乙学僧则兢兢业业、学贯中西,继承了老禅师的衣钵,做了该寺院的方丈;丙学僧则灵机通透、自成一体、另辟蹊径,成为"踏遍名山大川,放迹碧江苍梧"的云水高僧。

随遇而安

道通和尚不仅饱读经书、学问渊博，还常年坚持习武，练就一身好功夫。他最拿手也最持之以恒的就是拿大顶，每天睡觉之前和起床之后，必须各拿半个时辰的顶，几十年来从未间断。

他觉着两腿直挺挺地倒立起来的感觉特别好，特别舒服，而且认为这样能让血液倒流，平衡身体的内在循环，完善大脑的供血量。

他的徒弟们在跟他研读经书的同时，也都学会了拿大顶，而且像他一样上瘾。

有一次，道通和尚带他的徒弟—了沙弥去拜访颇有修行的安窑居士。安窑居士住在洛阳以西的黄土高坡上，一窑委身、亩田供养，过着远离世俗的神仙般的隐士生活。他的与众不同之处很多，就连委身的窑洞也别出心裁，只挖三米深、两米宽、一米高。他平时在窑洞里除了坐禅就是躺着睡觉，他认为如此"蜗居",是一种享受,是一种境界。道通和一了的到来,让安窑居士特别高兴,他们三人围坐在只有六个立方的空间里,说禅道佛,其乐融融。就连睡觉也没问题,三人并排一躺,还真亲近。

可是,道通和尚怎么拿大顶呢?一了沙弥正在为师父担心之际,只见正坐着的道通和尚把头往地铺上一栽,整个身子随即离开了地面——整个上身直挺挺地倒立起来,两条腿却就势弯曲着,像一只倒立的青蛙。一了沙弥和安窑居士一边为道通叹服,一边也学着他的样子,拿起了另一种形式的大顶。

以退为进

有一比丘，心浮气躁，老是想出人头地，没深没浅地向同道讲经说法，或者在同道面前显示他的禅门武功，经常失口失手，甚至是当场献丑。老禅师点化他多次，提示他还得精心深造，好好修业，他就是不听。

有一天，老禅师带他去行脚，一条三米多宽的水沟挡住了他俩的去路，武功深厚的老禅师抬脚就过去了。比丘却倒、倒、倒，往后倒了许多步，才趁着冲劲跳过沟去。

老禅师说："你知道你刚才为什么要往后退一下才能跳过水沟吗？"

比丘说："因为我的功力还不够，退退再往前跑就能产生冲力，只有这样以退为进，我才能跳过水沟。"

老禅师说："你刚才说的话里有一句禅意深邃的偈，领会好了，你将有大的发展和进步。"

比丘终于言下开悟，再不急着出风头，而是静下心来致力于文武禅修，终成文武双全的一代高僧。

第五章

渡己渡人

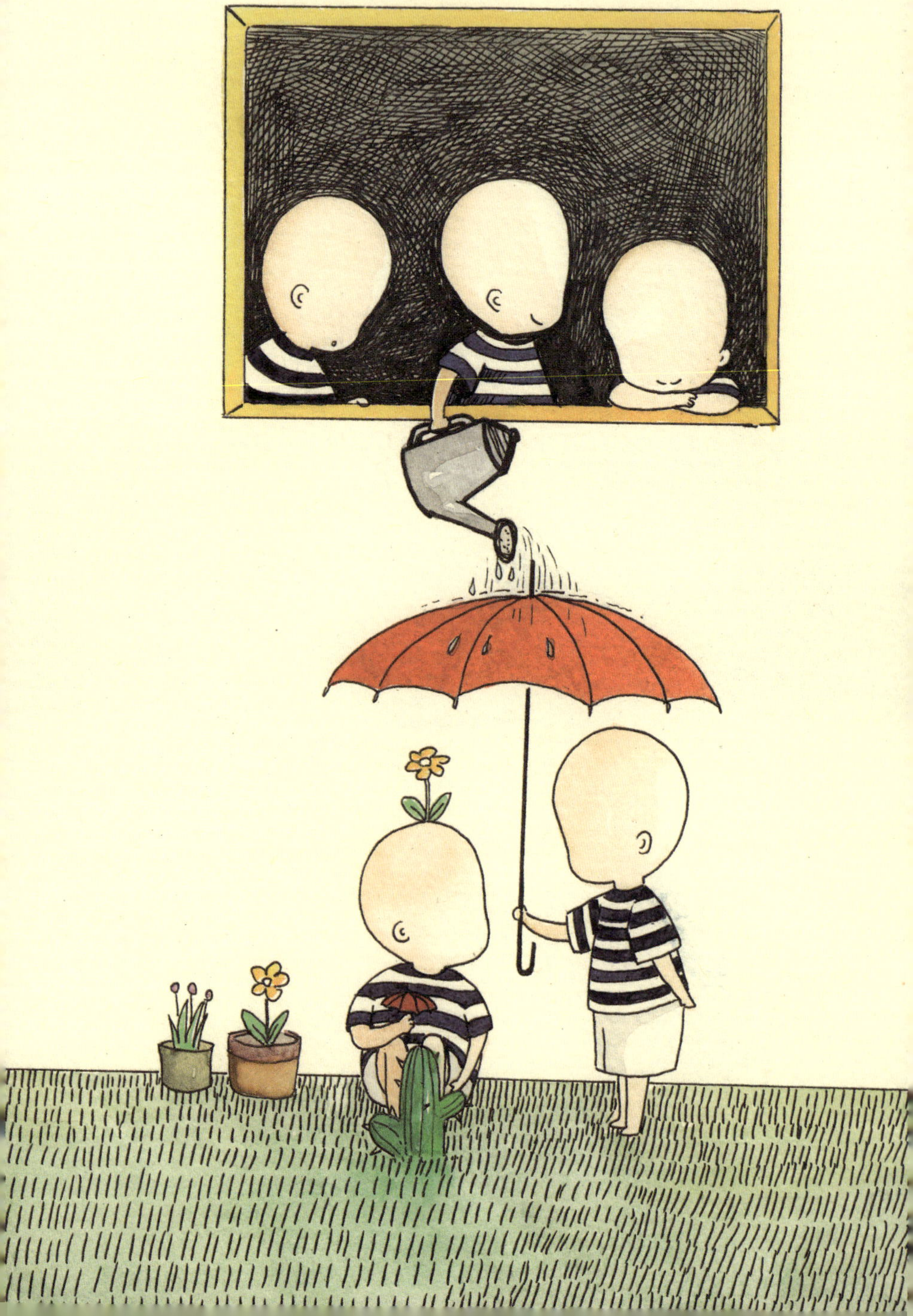

回归自我

一从事走私的商贩,担心自己早晚犯事、落入法网。经常到丛林寺院里礼佛上香,祈求佛祖保佑,太平无事。有一天,他索性去拜见释若禅师。

商贩:"请问禅师,我这样的人究竟还有救吗?"

释若禅师并没有直接回答商贩的问话,而是指着商贩脖子上的黄金项链问:"这是什么?"

商贩说:"是项链。"

释若禅师又指着商贩的手指上的黄金戒指问:"这是什么?"

商贩说:"这是戒指。"

释若禅师说:"我看都是黄金。在世俗中,非常珍贵的黄金,既可做成首饰,也能做成匕首,可是,无论怎么做,它还是原来的黄金啊。苦海无边,回头是岸。黄金回归黄金,人性回归人性。你说,又有什么样的金器不能回归黄金?又有什么样的人等不能回归自我?不能自我拯救呢?"

商贩终于幡然醒悟,悬崖勒马,重新做人。

拜佛的途中

童年时期,奶奶给我讲过许多故事(其中有不少是神话故事),直到如今,印象最深、感受最多的就是这则《拜佛的途中》。

说是有一大帮人,在一个冬日的清晨,急着去拜佛,他们听说观世音菩萨要在某个地点、某个时辰出现。在赶往那一地点的路上,人们争先恐后、你追我赶的,唯恐被落在后边,一是想尽快见到慈祥的菩萨,二是为了表明自己那颗虔诚的心。

在这些拜佛的人流中,有一位中年男子不紧不慢地走着,他是一名小学教师,对菩萨早就敬仰致志。可是,就在他走到中途的时候,忽然遇到一位衣衫不整的老太太,不知是因为饥饿、寒冷,还是其他什么原因,晕倒在路边。看来已有不少的人们注意到了这位可怜的老太太,因为她老人家的身边投放着许多零钱和食物。可是,竟无一人停下来,看个究竟、问个明白,更无一人想方设法挽救这位生命垂危的老人。因为他们太心急了,心急着去见伟大的圣母。只有这位男士,这位小学教师,看到老人的境状后,果断地停下来,将老人搀扶起来,又将自己的皮大衣披在老人的身上,然后,向路人打听了一下,就背着老人拐向一个乡间的小道——去附近的村子里为老人求医问药。

他背着老人在崎岖不平、残雪泥泞的小路上急匆匆地走着,甚至一时忘记了去拜佛的事儿。就在他背着老人远离人群,走到一个僻静无人的村头时,他背上的老人忽然说话了:"好孩子,快停下来,把我放下来,我身上好暖和啊!"

他小心翼翼地把老人从背上放下来,回头一看,马上惊呆了——原来还衣衫不整甚至是病恹恹脏兮兮的老太太,此时此刻已变得雍容华贵、慈祥安然。他一时惊得说不出话来,可他心里似乎意识到了眼前所发生的一切……最后,菩萨告诉他,真正的拜佛者应该像你这样,不能光有表面的行动和作为,而要将慈善仁爱之心落实到灵魂的深处。

故事的结局,谁都能想到,除了这位随时随地救死扶伤的小学教师外,那些急着赶路一心一意去拜佛的人们谁也没能见到真正的菩萨。

自　渡

洙水河上有一个古渡口，古渡口上拉着一条绳索，绳索下有一条木船，过往的人们就是坐在船上一手换一手地拉着这根绳索，作为行船的动力来回摆渡的。而这个渡口平时过往的行人特别的稀少，常常是"野渡无人舟自横"。

这一天，惟信禅师访友归来，路过洙水河，刚登上那条渡船，身后就赶过来一位脏兮兮的讨饭的小伙子，他爽手利脚地也登上了这条渡船。惟信禅师一看又上来一位，就赶紧走下船来，坐在岸边的石块上。讨饭的小伙子就转身说道："老和尚不必这样，我年轻，我来拉绳还不行吗？你何必要下去呢？"

惟信禅师平静地说："我不渡你，也不被你渡，我要自渡。"

讨饭的小伙子听得迷迷糊糊的，但他还得急着赶饭，就撇下惟信禅师，独自一人渡过河去。可是，就在讨饭的小伙子在附近的村庄讨了饭，吃饱喝足，又返回洙水的对岸时，他看到惟信禅师还静静地端坐在水边的石块上。两个时辰过去了，居然没从彼岸过来一个人。小伙子拉着船绳独自过来，非常不解、非常遗憾地对惟信禅师说："你这个老和尚啊，偏偏不与我同渡过河，这不是和自己过不去吗？"

惟信禅师依然心平气和地说："干什么都要依靠自己，指望别人或者照顾别人，都是没有保障的。所以，我不渡你，也不被你渡，我要自渡。"

直到这时，讨饭的小伙子如醍醐灌顶，悟出了惟信禅师话中的禅机。他马上跪在老禅师的面前，非常感激地说："谢谢老和尚指点，我不会辜负您，也不会辜负我自己的，我要结束这种不劳而获的寄生生活，我要自力更生，重新振作……"

转眼就是几年。有一天，惟信禅师正闭目坐禅，禅房里走进一位气宇轩昂、神采奕奕的施主，他来到老禅师跟前，二话没说，就跪下了。惟信禅师微启双目，静静地说："你就是当年的那个叫花子吧？"

施主说："正是。受您点化之后，我经过几年的艰苦奋斗，先学石匠，后来做了工匠，现在已是建筑师和董事长了。我这次来，就是来报答您的，要为您修建一座更加辉煌的寺院……"

惟信禅师依然心平气和地说："佛不要报答……你就在古渡口处修建一座石桥吧。"

不久，洙水河上就架起一座彩虹似的石拱桥。

自己过去

丛林寺院里来了一位名叫心智的小沙弥，勤奋好学、聪明灵动，颇得通明禅师的器重。可是，心智刻苦禅修几年之后，居然不见长进，聪明依然，悟性无增。

心智对自己似乎也失去了信心，有一天，他独自找到通明禅师，央求师父为他指引开示。年迈的通明禅师认为自己年老体弱、来日无多，也正想开示、点化一下自己的爱徒。于是，通明禅师不顾自己腿脚失健，硬撑着领心智再次行脚觅道。

当师徒二人来到一座非常狭窄的桥时，心智看师父晃晃悠悠走路的样子，怕师父走路不稳掉到河里去，就赶紧去搀扶通明禅师。通明禅师执意不让弟子搀扶，便对他说："路要靠自己走，桥要靠自己过，气要靠自己喘，水要靠自己喝……你不用管我，我自己过去。"

通明言下，心智豁然开悟。

作茧自缚为腾飞

一个刚剃度不久的小沙弥向云天法师求教，说自己因为俗世的困扰和烦乱而出家，可是皈依佛门后，一些清规戒律和佛法课程让他更受不了，整天处于紧张、郁闷和无以名状的孤寂之中，简直要发疯了，不仅没得到解脱，反而像是作茧自缚、自投罗网了。

云天法师就说，你刚才说作茧自缚，你知道蚕的一生和它的轮回吗？小沙弥说知道个大概。云天法师就循循善诱地说，蚕作为一种特别的饲养物，一生一世就囿于一个小小的筐子里，而且只以又涩又糙的桑叶为食。而它吐出来的丝却是上好的独一无二的织物，丰富了世间的高贵和华丽，甚至吐出了一条连接海内外的丝绸之路。从某种意义上说，这无疑延续和拓展了它们的生命价值。

看小沙弥仍是一脸困惑的样子，云天法师接着说，你想想看，蚕在吐丝的同时，必须作茧自缚化成蛹，蛹破壳而出方为蝶。人也是一样，尤其是我们的心灵。

小沙弥终于开悟了，安下心来认真修行，后来成了一代高僧。

担 当

老方丈打算培养接班人，就着意对两个各方面条件都差不多的弟子予以特别的关注和甄别。可是，经过一段时间的观察和考察，他们二人很难分出伯仲来。

这一天，两个弟子都出去化缘了，老方丈走到他俩卧室里（他俩早就同居一个卧室），把他俩练习书法的一个墨汁瓶故意弄倒了，还故意松了松拧得很紧的瓶盖，墨汁洒在书案和宣纸上，一塌糊涂。

待两个弟子回到寺院后，老方丈又若无其事地来到他俩的卧室，看他俩有什么反应。正巧，他俩正为墨汁的事儿纳闷和议论呢——甲弟子坐在凳子上，不无抱怨地说："我怕有老鼠什么的弄倒了瓶子，总是用完就拧紧盖的，要都像我这么留心就不会出现这种问题。"乙弟子一边忙着拾掇一边说："肯定是我忘了拧紧了，给师兄造成了麻烦，非常抱歉。"

老方丈就从笔架上取下两枝毛笔，让二人辨认自己的那枝。结果，甲弟子的那枝还湿漉漉的，而乙弟子的那只早已干透了。也就是说，最后使用墨汁的不是乙弟子，而是甲弟子。

甲弟子就说："是我最后用的，可我分明拧紧瓶盖了，瓶子即使倒过来，墨汁也绝对不会流出来！"

乙弟子就说："尽管是师兄最后练过字，可是，在他之后，我有次想练字时，刚打开瓶盖，就有了别的事情，一急慌，忘了拧紧盖子了，这事与师兄无关，我应承担全部责任，请师父原谅，以后我定会多加留心。"

老方丈没说什么就告别二位弟子，回到自己的禅房。

半年后，乙弟子被送进佛学院；三年后，乙弟子继承了老方丈的衣钵，做了方丈。

你所扮演的角色

道通禅师年老体弱，准备送座给他的得意弟子道觉和尚。可是，道觉和尚也许是出于对道通禅师的敬重，也许是因为谦让或不自信，一直不同意接班升座。

有一天，道通禅师对道觉和尚说："我准备休息一段时日，然后再出去交游一下，你暂时住持一下我们的寺院吧。"

道觉和尚为难地说："恩师栽培我多年，我也有心让您休息一下，可是，我担心自己缺乏经验和威望，难以胜任师父的嘱托。"

道通禅师就说："这样吧，你就算扮演一下我的角色吧，估计这没什么难的。许多演员都可以扮演叱咤风云的领袖人物，甚至把神仙、皇上扮演得惟妙惟肖，你和我一同生活和处世多年，扮演一下我的角色，绝对不成问题的。"

道觉和尚就勉强答应了师父的嘱托，而且以一个演员的心态把师父平日应做的事情（法事）处理得井井有条、非常圆满。

一个佛七之后,道通去给师父请安时,发现道通禅师已端坐在莲墩上安然圆寂。直到这时他才顿悟师父的一片苦心,并自觉升座继承了师父的衣钵。

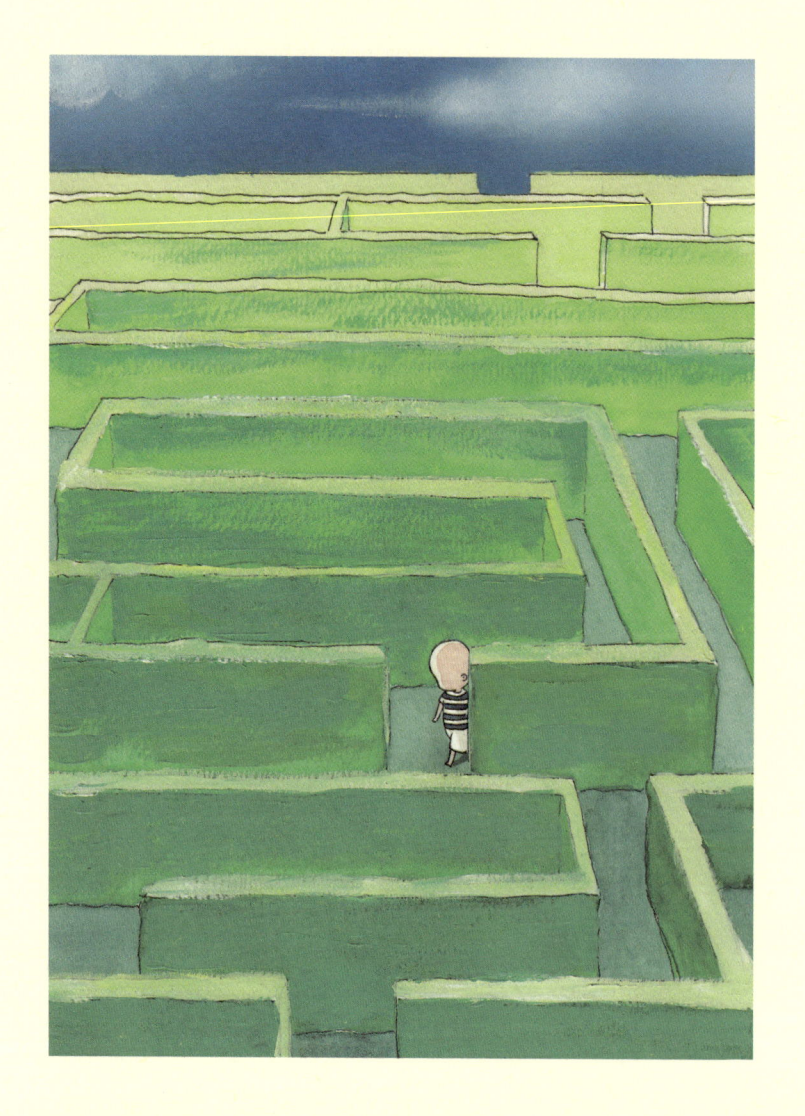

人的像素

释开禅师在互联网上注册了一家有关佛教的论坛,在上传自己的照片时,他发现一个有趣的问题。论坛上有要求,上传照片的像素必须保持在某某某至某某某之间。释开禅师尝试了多次,他的照片都这样那样地被扭曲着,不是眼睛斜了,就是嘴歪了……费了好大的劲儿,也没法让人满意。

任凭释开禅师怎么在被要求的限度内修改像素尺寸,网络上显示的照片就是不尽人意。而释开禅师又不乐意把自己的照片随意变形、随便就传到网上去。最后,实在是没有办法了,释开禅师只好放弃了上传照片的念头,把一张从网上下载的风景照,连像素也没修改,就直接切换到自己的论坛"头像"上。说来也怪,被扭曲变形的那张风景照不仅不难看,反而更有韵味了。

于是,释开禅师成一偈曰:"自然景象假胜真,人的像素真胜假。"

舍己为人

释承禅师是一个常年行脚的云水僧,他深入城乡弘法布道,在民间有广泛的影响。

有一年夏天,当他走到一个山区时,遇上山洪暴发,洪水肆虐。山村逃难的人们被一条暴涨的河流挡住了去路,河上尽管有一座小木桥,可是,眼看就要被洪水冲垮。而如果不赶紧过河,山洪也将把村民们置身的地段淹没。

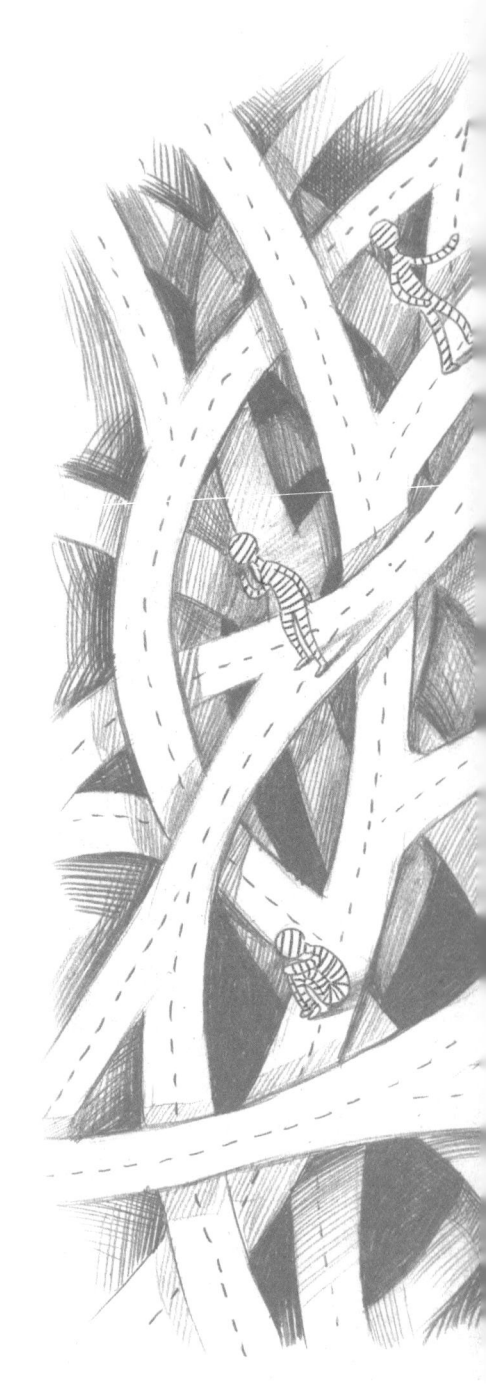

就在大人孩子们着急万分，险情眼看就要发生之际，对岸的平安地带走来一位大义凛然的僧人，他就是村民们刚刚认识的释承禅师。

在村民们的惊讶惊惧中，释承禅师依然走上那座岌岌可危的小木桥，向他们走来。他准备试试，看究竟还能不能过人。谁知，就在他刚走到小桥的中间地带时，被水侵蚀的桥板眼看就要断裂。他毫不犹豫，马上执着禅杖跳入齐肩深的河水，硬是用肩膀撑起小桥的危险部位。

当村民们一一走过小桥，到达安全地带之后，小桥和释承禅师却不见了……后来，对禅师感恩戴德的人们在河流的下游只找到一截断裂的禅杖。

舍己为人

冷暖自知

素净庵的比丘尼妙慧，沉心禅修多年之后，似乎无多大长进，她感到很气馁。初夏的一个下午，她直言不讳地问雪归禅师："禅究竟是什么呢？有没有禅呢？我研修多年，怎么一点感觉都没有呢？你能不能把你的感觉说给我听听，让我也感受一下？"

雪归禅师就对她说："你躺在树下的石板上睡上一觉就有感觉了。"

于是，妙慧真的躺在庵内的一棵大树下睡着了。就在她睡得正香时，雪归禅师端来一盆冷水猛然朝她泼去。可想而知，妙慧机灵地醒来，惊愕不已。

雪归禅师赶紧问她有没有感觉、有什么感觉。妙慧说："当然有感觉啦，浑身冷呀！"

雪归禅师就赶紧把自己的棉袍取出来，让妙慧换上，说："快穿上，别冻着了。"

不大一会儿，妙慧又嚷嚷着热，脸上也开始有汗珠了。

雪归禅师就大声喝道："你忽冷忽热的，这不是感觉又是什么呢？！而这一切，只有你自己感觉得到，外人又怎么能体会到你的感觉呢！"

雪归禅师言下，妙慧终于开悟。

功 德

释允禅师原本是一个手艺精湛的石匠，他为禅林寺院雕刻了几尊佛像之后，心有所悟，皈依佛门，出家当了和尚。

出家之后，释允一心向佛，一心一意地研读经书，参修禅学，孜孜以求了十几年，他由原来的普通比丘变成了德高望重的禅师。这么多年来，他再没碰过锤头、錾等石匠用具。

可是，某一天，当他走出山门到山下的城镇参加一个大型法会时，他发现寺院和城镇之间的那条亘古横流的浅水河，已变得混浊不堪，涉水过河的人们再没有当年的清洁和喜悦，都为脚下的污水紧蹙眉头。他为自然环境所遭受的污染和破坏感到寒心和忧虑，可是，作为一介僧人，他对改善环境似乎无能为力。于是，他下决心，从我做起，先在浅水河上修一排方石墩，以便过河的人们从石墩上沿着过河，不再受污水的浸害。

回到寺院的当天，他就"重操旧业"，拿起锤头和錾，开山劈石,打磨一块块半米见方的石墩,并在石墩的显眼处刻上"爱护环境,人人有责"的宣传标语。

几天之后,那条浅水河上就架起一条实用、漂亮又起到宣传作用的"步行桥"。

过眼云烟

有一个小沙弥,名叫心通,他忽然厌倦起晨钟暮鼓的禅修来,认为时光过得太慢,他急切地盼望自己早日成为一代法师。有一天他对道悟禅师说:"我什么时候能像师父一样道行深远、德高望重就好了,那才是令人羡慕的人生境界啊!"

道悟禅师听后,未发表任何意见和看法,只是用手指指天边的一朵白云,对心通说:"你看那朵云多么漂亮!"心通也附和说:"真的漂亮!"然后,道悟禅师又指指一盆正在怒放的花说:"你看那盆花,开得多鲜艳啊!"心通也附和着说:"真鲜艳啊!"

过了几个时辰之后,心通把刚才的事情都忘了时,道悟禅师又忽然问他:"刚才那朵漂亮的白云呢?"

"早已飘逝得无影无踪。"心通看看天边,顺口说道。

又过了不知多少天,当心通把白云、鲜花的事情早已忘到脑后时，道悟禅师又忽然对他说："你去把我那天指给你的那盆鲜花捧过来，我看开得怎么样了。"

心通就赶紧去找那盆花，可是，那盆花的花期已过，只有泛黄的枝叶了。道悟禅师就说："都是过眼云烟啊！"

直到这时，心通才于师父的言下豁然顿悟。

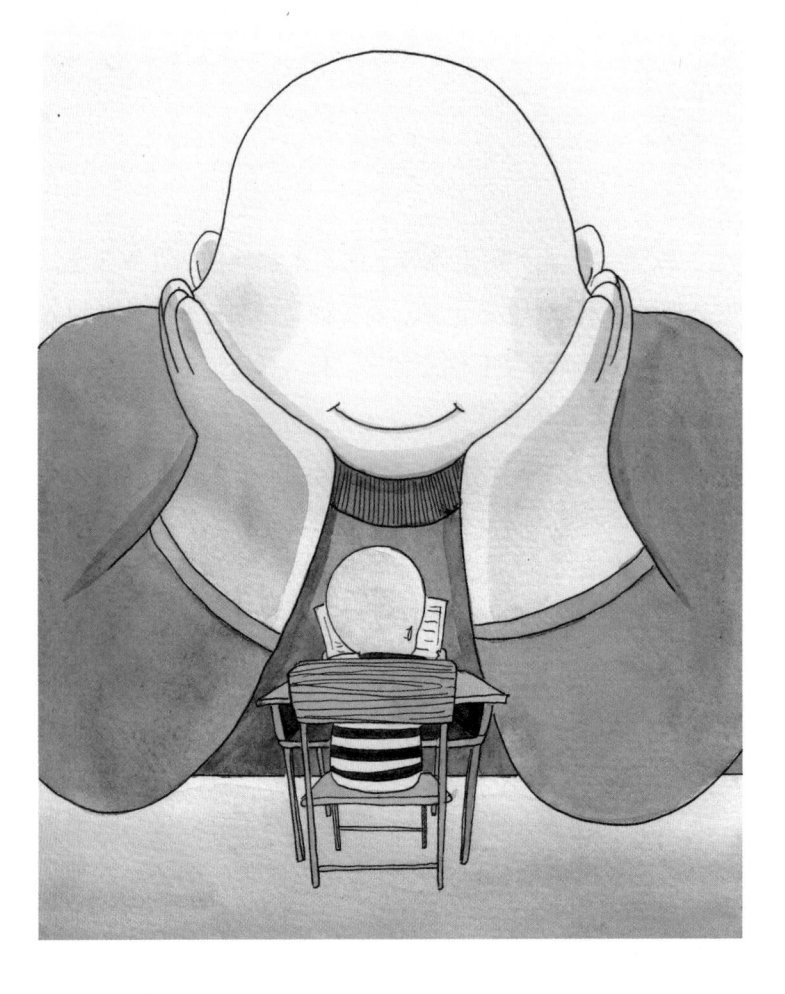

归 属

云光寺院内和附近山坡上的树木都特别的苍翠茂盛，与其他的树木有明显的区别。有人说是因为云光寺院的风水好，有人说云光寺院有佛光宝气，有人说云光寺院承受了观音菩萨的净水瓶的甘霖……

就在人们颇感好奇、众说纷纭之际，云光寺院的法云禅师向一位来访的居士揭开了这个谜底。多少年来，云光寺院有一个不成文的制度和规定，那就是，把所有的小便都收集到罐罐里，再由众僧轮换着去浇树；而把所有的大便也都一一深埋在每棵树的根部（这些出坡的劳务当然是在夜间进行的），这样既解决了一部分生活垃圾，又为树木提供了上好的肥料。

许多肮脏麻烦的事情，只要处理好了、处理得得当，都有可能发生质的变化，转化成人生世事的积极因素和亮丽景观。

忏 悔

丛林寺院的山下有一条小河，小河上有一座石桥。有一天空云禅师正在禅修，寺院里走进一个浑身湿漉漉的年轻男子，他要拜见空云禅师。

空云禅师当即接见了这个不速之客，原来，这是一个心怀忏悔的年轻人，因为一念之差，在修那座石桥的集资募捐中，他没有出资一个铜板。当石桥修好之后，他才感到深深的后悔和惭愧。近年来，他又日渐亲近佛教，想皈依佛门，净化心灵。

空云接纳了这个年轻男子，并亲自为他剃度，为他起法号云海。

后来，云海一心向佛，日益精进，居然继承了空云禅师的衣钵，成了丛林寺院的方丈。

值得一提的是，自从那座石桥竣工，直到半个世纪之后，他在寺中圆寂，他每次下山过河都是从那座石桥下涉水而过，无论春夏秋冬，从没走上那座石桥半步。

此时此刻

——饱读经书的沙弥,却产生满怀的疑问,他虔诚地向道光禅师请教。

沙弥:"我们生存的意义究竟是什么?"

"此时此刻。"道光禅师一边细数念珠一边平静地说。

沙弥:"佛教的影响在哪个朝代最大?"

"此时此刻。"道光禅师面带微笑地说。

沙弥:"佛教究竟起源于什么时间呢?"

"此时此刻。"道光禅师顺口说道。

沙弥:"佛在什么时候来的东土呢?"

"此时此刻。"道光禅师又顺口说道。

沙弥:"佛都在什么时候显灵显影呢?"

"此时此刻。"道光禅师依然说。

沙弥:"师父是什么时间开悟的呢?"

"此时此刻。"道光禅师继续说。

沙弥："我究竟什么时候才能开悟呢？"

"此时此刻。"道光禅师认真地说。

……

沙弥终于忍不住了，他若有所思地说："按你这么说，此时此刻代表了一切？"

"应该说，一切都存在于此时此刻……"道光禅师顿了顿，加重了语气说，"此时此刻之外的任何东西、任何事情、任何法门对我们来说都是虚无的。"

沙弥双手合十，非常高兴地说："感谢师父，我终于开悟了！"

"什么时候开悟的？"道光禅师追问一句。

"此时此刻。"沙弥学着禅师的口吻说。

毒　品

一沙弥由于在山洞中打坐的时间过长，着凉并遭受细菌的感染，患上了严重的痢疾，且久治不愈。老方丈知道后，即从宝匣中取出一粒圆乎乎的东西，切下一块，煎了水让小沙弥送服。小沙弥喝了之后，很快就治愈了痢疾，恢复了健康。

懂得医术的僧人认出煎过的那块东西居然是一块尚未提取汁液的罂粟果，也就是人们常说的大烟，这可是罪恶滔天的毒品啊。僧医惊得张大了嘴巴。当他问及方丈罂粟果的来处时，方丈说是他自己在后院里种植的，并说这种东西是非常珍贵的一剂良药。

像罂粟这种特殊的植物，备受争议，备受人们的误解和歪曲，其实，它原本也不是什么毒品，而是一种不仅花开得漂亮，果实还可入药的珍稀植物。只是后来被某些自甘堕落者和非法之徒用于邪恶的勾当，从而玷污了它的名声。就像生活中非常有用的菜刀，却被某些歹徒用来杀人了。

失落的鸟蛋

狂风暴雨,乌云翻卷。寺院里的槐树上,一窝斑鸠巢摇摇欲坠,里面的鸟蛋依稀可辨。细心的比丘,冒雨在树下等了好长时间,硬是接住了两只失落的鸟蛋。

为了让鸟蛋孵出鸟儿,迎接即将诞生的生命,比丘非常爱惜地把两只鸟蛋揣在自己的怀里。

风雨过后,这事被智兴禅师知道了,他找到那个比丘,让比丘把鸟蛋交出来,并指使比丘爬到树上再造一个惟妙惟肖的斑鸠巢。然后,把两只鸟蛋放回"原处"。

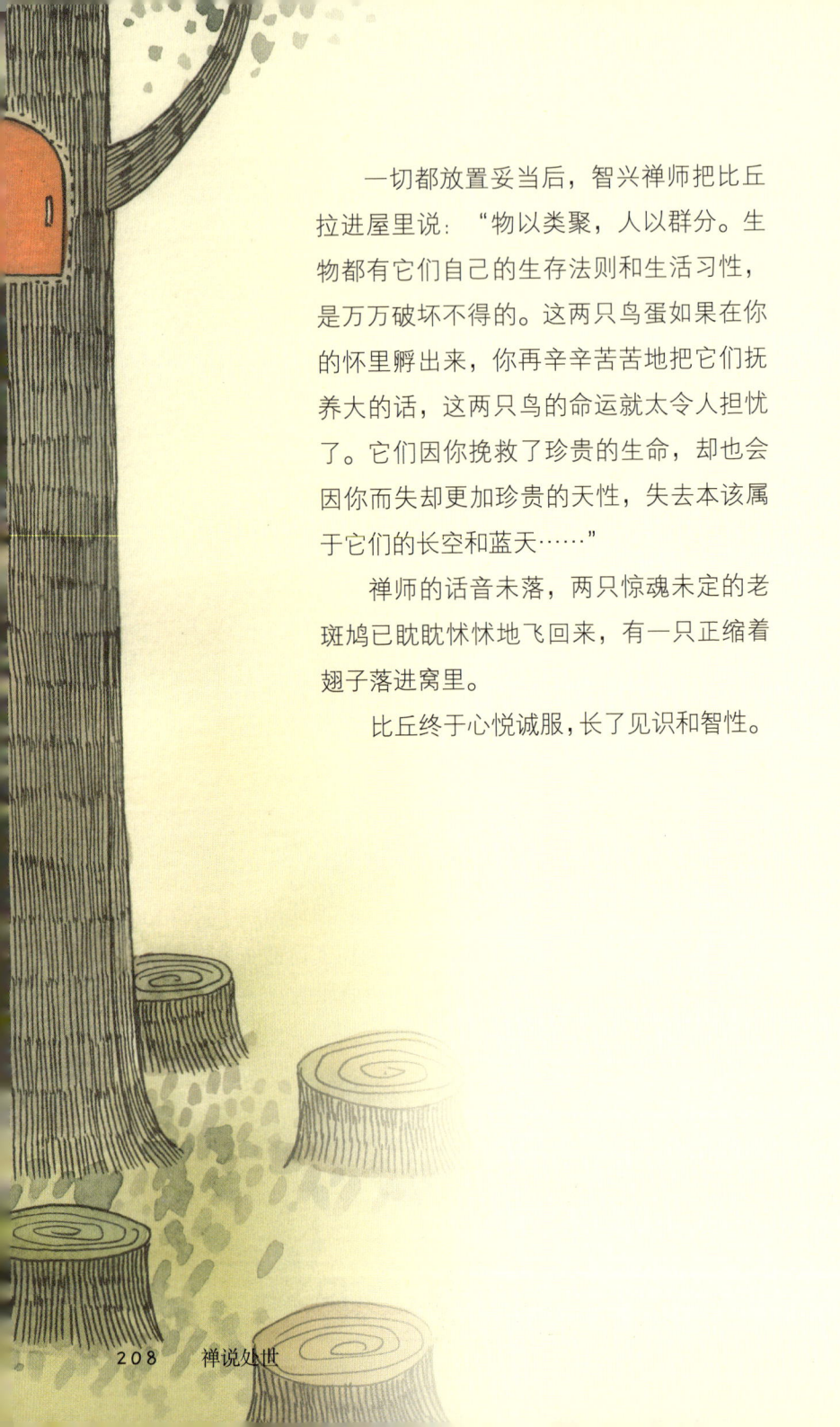

一切都放置妥当后,智兴禅师把比丘拉进屋里说:"物以类聚,人以群分。生物都有它们自己的生存法则和生活习性,是万万破坏不得的。这两只鸟蛋如果在你的怀里孵出来,你再辛辛苦苦地把它们抚养大的话,这两只鸟的命运就太令人担忧了。它们因你挽救了珍贵的生命,却也会因你而失却更加珍贵的天性,失去本该属于它们的长空和蓝天……"

禅师的话音未落,两只惊魂未定的老斑鸠已眈眈怵怵地飞回来,有一只正缩着翅子落进窝里。

比丘终于心悦诚服,长了见识和智性。

什么是智慧

小沙弥读佛教杂志,当他看到"菩提就是大智慧""般若就是大智慧"时,有些不解,就跑去问智明禅师:"菩提、般若都是大智慧,那么,究竟什么是智慧呢?"

智明禅师用手指了指沃土上的新芽,又用手指了指绿叶扶疏中含苞待放的花朵,以及枝头上的青青果。看小沙弥一脸困惑的样子,智明禅师又擦着一根火柴,然后又用扇子将火苗扇灭。看小沙弥似懂非懂的样子,智明禅师又用扇子指了指绿草如茵、流水潺潺的山谷,然后恬静地笑了。小沙弥也跟着笑了,并试探性地对智明禅师说:"我似乎悟出了其中三昧……只是无法用语言表达清楚。"

智明禅师又说:"其实,智慧就是你提出的疑问和消除疑问的你……"

什么最美

有一天，两个禅师相遇在名山秀水之间，相互考证着各自的话头和心底的迷津。

甲禅师说："目之所及，什么最美？"

乙禅师说："漂亮的女子最美。"

甲禅师反驳说："出家人秉持五戒，不言女色。"

乙禅师说："你问的是什么最美，而不是问的应戒什么？"

甲禅师又说："既言女色，你说说女子美在何处吧。"

乙禅师说："女子的美首先体现在生命本体上，她们的魅力就是生命的魅力，如果没有她们的美，这个世界就不存在了，你和我，以及我们的寺院都不存在了，这难道还不是最美吗？"

甲禅师说："有你这番话，我拜你为师……"

睡僧

一明禅师有"睡僧"的雅号,这得从他那个有名的"一年半载"说起。在他二十五岁那年,他正式剃度皈依之后,上了两年的佛学院,毕业后,就踏上了漫漫游学路。他不仅游历了国内的名山大川、拜访了无数的古刹名寺、结拜了无数的高僧大德,还先后去过印度、泰国、缅甸等国家朝圣,游学时间达三年之久。

人们都说他是个坐不住的云水僧。可是,就在他从国外回来之后,居然一坐就是一年的时间,在这一年当中,他广泛阅览、饱读经书,还专门反复研读了几部佛学经典,背诵了《般若波罗蜜多心经》《佛说大乘无量寿庄严清净平等觉经》等部分经文,就连《碧岩录》中的所有公案,他都熟记于心,随口就能讲来。当有人听说他刻苦治学的精神,准备请他介绍经验、讲经说法时,他却"沉沉"地睡了,而且一睡就是整整六个月。

有人说他是疲劳过度，昏睡过去了；有人说他是闭谷（一种气功现象）了……可是，当他终于醒来时，他说的第一句话居然是："经过半年的反刍，我终于吃透了读过的经文，看来，回味琢磨要比只看只读有效得多啊！"

救命的教训

丛林寺院不远处有一个天然的池塘，池塘里苇荷丛生，鱼跃蛙鸣，常常引来不少钓客垂钓。有一天，老禅师从街市上买来几竿上好的钓具和最有效果的鱼饵，召集几个比丘去钓鱼，而且钓得特别投入、特别着迷，连饭都顾不得回去吃了。不过，他们把钓上来的鱼又一一放回池塘里。

前来送饭的小沙弥看着奇怪，就问老禅师："师父，这是何苦呢？你们几个风吹日晒的不说，还把鱼儿给钩伤了……"

"这就是教训，救命的教训。"老禅师微微一笑说。

小沙弥还是有些迷惑，可是，当他发现来池塘垂钓的其他钓客越来越少时，他终于明白了师父的一片苦心——上过钩的鱼儿，有了惨痛的教训就不再上当受骗了，保住了自己珍贵的生命。那些专业的钓客钓不上鱼来，自然就不再来了。

无法替代

九如禅寺的小沙弥智明，勤学好问，头脑灵活。有一天，他跑到方丈的禅房，找到无心禅师，想让无心禅师私自开导一下。

谁知，无心禅师"不入正题"，一会让他吃供果，一会让他喝清茶。智明有些失望，就直言不讳地对无心禅师说："师父啊，我是您的入室弟子，您难道还有所保留，不肯赐教弟子、开导弟子吗？"

无心听后，微微一笑，对智明说："我感到饿了，你替我去吃些饭食吧。"

"这事、这事哪能替代呢？"智明难为情地嘟噜着，但他马上转过弯来，恍然大悟地说："谢谢师父开示，我终于入门了……"

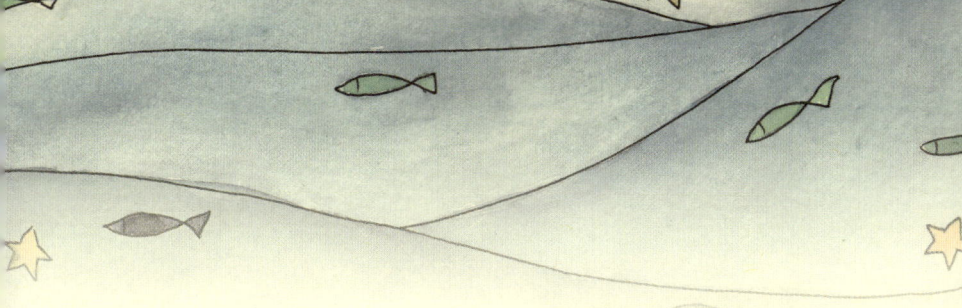

无言的聚会

  心吾禅师应莲影居士之邀到莲影的家中聚会论禅,可是,当心吾禅师轻轻叩开莲影居士的家门时,莲影居士连一句欢迎的客套话也没有,只是用手势把禅师请进客厅。
  而接下的情景更是蹊跷,待心吾禅师含笑坐下后,莲影居士就忙着清杯沏茶,对禅师连一眼都不看。一壶清茶冲过三轮,喝淡了,又冲了一壶香茶,二人相对而坐,一杯接一杯地各自品茶,谁也不搭理谁。
  最后,心吾禅师手蘸剩茶,在茶几上写下"清茶澈目清"一偈,莲影居士也效仿他,接着写下"香茶透心香"一偈。二人就颔首一笑,愉快地分手了。

心明眼亮

有一个叫心慧的沙弥,开始禅修时遇到许多疑问和迷津,他去请示同一禅师。

同一禅师掏出一截黑布条,系在心慧的头上,蒙上他的双眼,让他赶紧回到自己的居室。心慧不明白师父的用意,但凭着记忆和心觉,真的回到了自己的卧室。

当他摘下黑布条时,眼前豁然一亮的同时,心里也豁然一亮——不用眼睛也可以看路走路啊?于是,心慧变得心明眼亮,并起了心慧的法号。

特殊的法会

平觉寺的释如禅师,在一个伸手不见五指的风雨之夜,召开了一次特殊的法会。僧侣们原以为禅师有什么重要的通知或开示,谁知,当与会的僧众各就各位之后,释如忽然宣布熄灭所有的蜡烛,接着就再无他的任何声息。

就这样黑灯瞎火、廓然肃静地过了两个小时之后,释如禅师又一一点燃了那些蜡烛。接着问僧众们刚才都听到了什么、看到了什么。

有的沙弥说:"只是听到了窗外的风声雨声。"有的比丘说:"只是听到了自己的心跳。"有的和尚说:"只是看到了自己。"有的和尚说:"看到自己五蕴通明。"

释如禅师说:"今天的法会很成功,与会的每个人都成了主持和主角,听自己的心跳、看自己的五蕴,那就是取到真经、看到真佛了。"

童　心

丛林寺院新来的沙弥们，经常在夜间听到婴儿的哭声，感到非常奇怪和纳闷。他们又不便向寺院的学兄和长老们打听这样的事情，只有暗暗的琢磨和讨论，有的说，附近的山洞里也许住着人家；有的说，寺院里也许捡到了私生孩子；有的甚至怀疑，是哪位高僧动了色心，金屋藏娇了……

可是，一年半载之后，那种婴儿的哭声不但没有停止，而且一点没变。这下，沙弥们就更奇怪和困惑了——孩子怎么会不长大呢？怎么会天天哭呢？怎么哭声一点也不变呢？

仍然像是刚刚出生的啼哭。

  某天深夜，几个沙弥决定要亲眼探明哭声的来源，他们悄悄地摸索着走向哭声的起处，待他们终于找到哭声的来源时，都目瞪口呆了——哭声居然是从老方丈无极禅师的禅房里传出的？！

  原来，无极禅师多年来一直这么"啼哭"着，他睡觉之前和醒来之后的第一件事不是诵经念佛，而是像新生儿一样哇哇啼哭。

无花果

天灾人祸,战乱频起,静安禅寺的香火曾一度稀落,甚至趋向荒废的边缘。最艰难的时期,连僧人们的饭食都成了问题。就在这危难的当口,法正禅师带领寺院的众僧积极行动起来,一边化缘一边出坡(就是一种解行相应的僧人劳动),在一位乡绅居士的资助下,在寺院的空闲地带以及附近的山坡上栽植了大量的无花果树(苗)。由于山涧水足土肥、阳光充沛,有些大些的无花果树当年就结了果子,浑圆硕大、味道甘甜的酱果很快接济了僧人们的口粮。

几年之后,静安禅寺的无花果林木已是郁郁葱葱、颇具规模。果子成熟的季节,僧人们吃不了,就把一部分果子晾晒风干了,保存起来,把另一部分果子回馈给来寺院上香的施主们,这样一来,寺院里的香火也日渐兴旺起来。

再后来,法正禅师让众僧再次出坡,广泛种植无花果树苗。可是,这次他们不再仅仅为寺院种植了,而是义务推广给附近的村民们，让他们也利用无花果走上一条发家致富之路。

　　有一次，韩国的一位僧人前来向法正禅师取经，法正禅师什么也没说就递给韩国僧人大把无花果，韩国僧人不明就里，法正禅师就领他来到门外，用手指了指大片大片的无花果树。

　　韩国僧人终于顿悟，谢过法正禅师就心满意足地回国了。他后来也成为一位致力于绿化荒山、造福人类的高僧。

风中的树木

位于甘肃北部的各尔禅寺,坐落于沙漠边缘地带的半山腰上,经常遭受风沙的侵袭,狂风肆虐的日子也不鲜见。寺院里的树木经常被狂风摧折,有的居然连根拔起,严重影响了丛林寺院的绿化和生态环境。

可是,自从腾空禅师入住各尔禅寺之后,虽然历经多次强烈的风暴,这里的树木却再也没有损坏过。

腾空禅师刚来时,看到寺内树木难以成活或伤痕累累的局面,他静坐一夜之后,让僧众们缝制装填了许多大小不一的沙袋,有的沙袋还系上了长长的绳子。

每当风暴来临之前,腾空禅师就指导僧众们把这些沙袋一一摆放(压)到树杈、树枝上,有的则把带有绳子的沙袋连接到那些有危险的容易被风摧折的树枝上,起到"锚"的作用,有的还在树的根部堆上几个大沙袋,把整个树身稳固起来。这样一来,任凭风暴再肆虐强烈,树木也不再被摧折,更不会被连根拔起了。

几年之后，各尔禅寺里的树木就变得根深蒂固、郁郁苍苍了。

几片绿叶

  智信禅师是位四处行脚的云水僧,有一天上午,他路经罗浮山下的一个集镇,当他走到一家批发荔枝的摊位前时,善良的摊主捧给智信禅师一大捧鲜美的荔枝。智信禅师也没客气,欣然接受了,颔首一笑,吃着走了。

  下午,正当那个荔枝摊位的摊主因生意不好而叹气犯愁时,智信禅师忽然又出现在他的摊位前。摊主先是一愣,接着拿起一个布口袋,捡比较好的荔枝装了多半袋递给智信禅师。谁知,智信禅师却没去接那个沉甸甸的口袋,而是从自己怀里掏出一把嫩绿的荔枝叶,轻轻地撒在摊主的荔枝堆上,笑眯眯地空着手走了。

  摊主一下领悟到什么,朝着禅师的背影作揖一拜。

  第二天,那个摊主的荔枝堆上多了许多嫩绿的荔枝叶,有的绿叶还和荔枝连在一起。有前来批发的客户,荔枝过完称之后,他还把预先准备好的荔枝叶随荔枝送给他们。这样一来,凡是从他那里批发的荔枝,都带着嫩绿的叶片,把荔枝映衬得更加鲜美夺目,从而搞活了生意,打开了销路。

几片绿叶

灵 苗

禅林寺院处于半山腰，凭高望远，山下几个村庄萧条冷落地远近散布着，土房草檐、牛车石碾依稀可见，给人一种苍凉贫瘠的感觉。

早春的一天傍晚，看着远近荒村袅袅的炊烟，一个小沙弥忧心忡忡地对老禅师说："看到了吧？那个光秃秃的没有一点生机的村庄就是我出生的地方……"

老禅师沉默片刻说："想为家乡做点儿事情吗？"

"当然想了，"小沙弥说，"尽管我们出家人皈依佛门、四大皆空，我还是有些惦念家乡的！"

老禅师说："这样吧，你在我们寺院的空地上，开辟几片苗圃，培植一些适合当地生长的树苗吧。"

"我们要植树造林吗？"小沙弥不解地问。

老禅师说："是培植一些灵苗，一些让穷乡僻壤泛起生机的灵苗。"

"明白了,"小沙弥会心地笑了,感激地说,"我马上行动!"

三个月过后,来上香拜佛的善男信女们就听说禅林寺院生长着一种能给百姓带来财富和福祉的灵苗。

一年过后,来寺院上香拜佛求灵苗的人络绎不绝、越聚越多。他们把求得的灵苗非常虔诚非常认真地栽种到自家的房前屋后,栽种到自家的田间地头,栽种到原本无人理睬的闲地荒坡。

三年过后,经年荒芜、毫无生机的几个村庄,居然变成了林木茂盛、生机盎然的绿洲。

禅林寺院的香火也更加旺盛了。

罗汉果

波罗寺坐落于远离城镇、山高水远的丛峦密林之中，香火一直不是很盛。可是自从达明大和尚升座住持以来，没过两年，波罗寺的香火就日益鼎盛了，三年后，还扩建了寺院、修建了佛塔。

达明大和尚升座之后做的第一件事，就是让波罗寺里的众僧出坡（一种法事劳动），对寺院及附近山坡上的杂草进行大清理，接着到外地采购来大量的罗汉果种苗，在寺院内外及附近的山坡上种了个遍。当年，满庭满院、漫山遍野的罗汉果就生长得郁郁葱葱、枝连藤缠了。

罗汉果是多年生葫芦科的藤本植物，生命力和繁殖力都很强。这种名字就带着佛教色彩的特殊植物，既有观赏价值又有药用价值。它的茎纤细绵长，能拖五米远，看上去是一种暗暗的紫色，桠杈为卷须型，互生的叶片为心状卵形，双面均被白色绒毛。花冠则是橙黄色，分雌雄异株，雄花序叠

生,雌花序单生,花萼漏斗状,也带着白色夹杂棕色的柔毛,别具一格。瓠果圆形或椭圆形,披满柔毛,斑着十条纵纹,像可爱的小松鼠,种子是淡黄色。花期在六至八月份,果期在九至十月份。果实既可以生吃(比甘蔗甜,含果糖、氨基酸、黄酮等),也可以做成干果。有清热润肺、滑肠通便的功效,常被中医用于肺火燥咳、咽痛失音、肠燥便秘。

　　达明大和尚就是看上了它既可观赏又可药用的特点,参悟出了一种禅机。在罗汉果日渐葳蕤之后,尤其是在它的花期和果期,波罗寺院就通过媒体发布诸如《罗汉寺的罗汉花开了》《去罗汉寺品尝罗汉果》《罗汉果的观赏和药用价值》等系列报道。当一般的游客或施主前来观赏、上香时,寺僧热情地为他们讲解罗汉果的妙处,请他们品尝鲜果,还馈赠他们一包精心晾制的干果。这样一来,罗汉寺的香火自然是越来越红火了。

　　再后来,有一个中药商人看上了罗汉寺的罗汉果,寺方也将库存的大量干果无偿赠送。这个中药商人也是一位笃信佛教的居士,有感于该寺自强不息、治病救人的善举,他不仅成为捐资捐物的施主,还慷慨出资为罗汉寺修建了一座佛塔。

石雕僧

觉明禅寺的悟了禅师出家前是一位手艺精湛的石匠，他的许多雕刻作品都成为工艺石雕中的精品，有的在国内获了大奖，有的行销到世界各地。

他出家之后，夜以继日地研读经书，终于把自己"雕刻"成知识渊博、悟道深远的一代禅师。待他升座为觉明寺的方丈之后，他专门设立了一间"石雕作坊"，用来让弟子们出坡作务和厉行实修。在他的倡导和悉心指导下，寺僧们大都喜欢并精通了石雕这一手艺。关键是，通过把一块块顽石雕刻成佛像，让弟子们体会到蜕变和升华、修行和得道的可能性和精妙性，以及千锤百錾、刻苦磨炼的必然过程。

更令人欣慰的是，僧人们把自己亲手雕刻的小石佛，常常馈赠给前来访问的僧友、居士和烧香拜佛的信众、施主们。僧人们的这种做法，弘扬了佛法，促进了交流，扩大了影响，带来了觉明禅寺的兴盛发达。

昙花一现

慧光禅寺有一棵培植延续了近二百年的昙花,生长在一个深半米、直径一米的特大的铜质花盆里。每到秋末,为了不把它冻坏,四个僧人合力把它抬进僧房里,开春的季节,再把它抬出来。

到了慧云禅师主持寺院时,这棵嫡传几代的昙花,高达两米、株壮叶茂,每逢农历的六七月份,它就在星月之下悄然怒放,少则几十朵,多则几百朵,绽放时间长达三四个小时。每到那个昙花一现的夜晚,一种酷似睡莲的略带黄晕的粉白色花朵,在夜风中醒来,清幽的芳香飘满整个寺院。

每到昙花盛开的夜晚,慧云禅师就召集众僧围拢在昙花的四周,召开一个联欢会似的特别的法会,让众僧谈谈各自对昙花的看法和感悟。

有的说,昙花的花期太短,而且在夜晚开放,未免太自私太忧郁;有的说,昙花是一种阴柔的花卉,见不得人,逃避现实，不光明磊落；有的说昙花是短命的，尽管美丽，但太短暂，可悲可叹……

慧云禅师却说："昙花的花期尽管短暂，却真实、靓丽地开放过，它的花不是为了张扬和宣泄，而是一种天然的生机和因果。生命的真实和意义不在长短，顿悟和升华往往产生于昙花一现的瞬间……而夜晚恰恰是梦幻和感念的美妙花期。"

椰壳木鱼

海南的省空禅师，号称"椰壳禅师"，他常用椰壳形容虚空的道理，尤其是他亲手雕制的许多精美的椰壳木鱼，深受僧侣甚至是收藏者的青睐。

省空禅师是北方人，一个偶然的机会，他在北方见到一个浑圆而漂亮的椰壳，马上联想到他们僧人所用的木鱼。于是，他不远千里来到海南，决心在盛产椰壳的海南岛上深修禅法。

他常说："修禅离不开现实生活，禅的过渡就是从有常到无常的。"他对天然造化的椰壳情有独钟，在椰壳里体会空无的妙处，在椰壳上做出禅的作为。他亲手把许多椰壳颇具匠心地雕制成别具一格、实用美观的木鱼，既解决了僧侣的所需，又作为工艺品赠送给结缘的居士、信众和众多的施主。直到有游客把他的椰壳木鱼带到大江南北、带到世界各地，既丰富了佛教文化，又变相地弘扬了禅理佛法。

走神儿

佛山年会上，丛林寺院里游客拥挤、香火鼎盛。前来上香拜佛的施主不乏暗香浮动的妙龄女子。一个值日的小沙弥，换班后如实告诉老禅师说："香客多的时候，我老是走神儿，这说明我的定力不够。可是，怎么才能避免走神儿，增加应有的定力呢？"

老禅师听后，微微一笑说："你走神的时候在做什么呢？"

小沙弥说："在闭目诵经。"

老禅师说："神在哪里走的呢？"

小沙弥说："在脑壳里。"

老禅师说："再值日的时候，别闭眼了，把神从脑壳里放出去吧。这样，它就不在你脑壳里捣乱了。"

小沙弥听了师父的话，再值日的时候真的不闭眼了，该看什么看什么，心里、脑海里反而安静了许多。

网上论禅

一天晚上,任谷居士约一色禅师上网"聊天"。

任谷居士:"禅师的法号妙啊,印合心经'色不异空,空不异色;色即是空,空即是色'的要义。"

一色禅师马上转移话题说:"春天真好。"

任谷居士说:"春天怎么好呢?"

一色禅师说:"你问的春天还是问的我?若问的春天——无边秀色;若问的我——一杯清茶。"

任谷居士说:"若问佛呢?"

一色禅师说:"扪心。"

任谷居士说:"没心呢?"

一色禅师说:"没心即佛。"

任谷居士说:"真是服你了。"

一色禅师说:"贝文乃甲骨,了是无杆秤。"

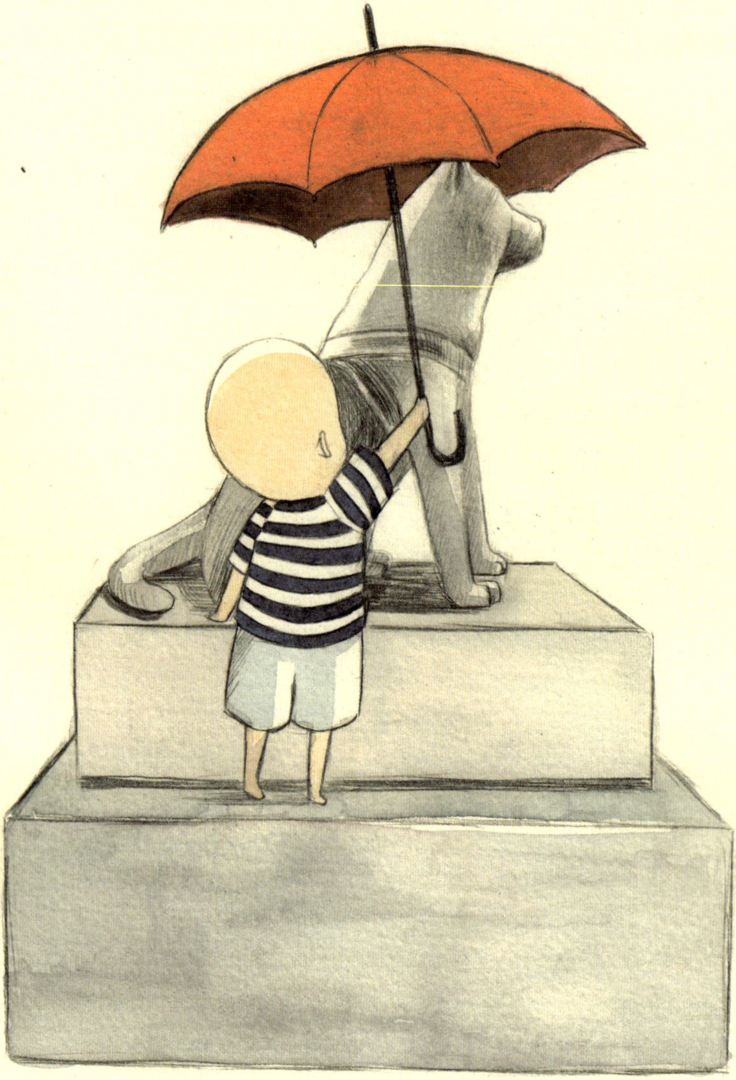

图书在版编目（CIP）数据

禅说处世 / 一路开花编著；袁冰绘 . -- 济南：齐鲁书社 , 2017.6

ISBN 978-7-5333-3760-5

Ⅰ . ①禅… Ⅱ . ①一… ②袁… Ⅲ . ①佛教－人生哲学－通俗读物 Ⅳ . ① B948-49

中国版本图书馆 CIP 数据核字 (2017) 第 103800 号

禅说处世

一路开花　编著　袁　冰　绘

主管单位	山东出版传媒股份有限公司
出版发行	齐鲁书社
社　　址	济南市英雄山路189号
邮　　编	250002
网　　址	www.qlss.com.cn
电子邮箱	qilupress@126.com
营销中心	（0531）82098521　82098519
印　　刷	山东德州新华印务有限责任公司
开　　本	880mm×1230mm　1/32
印　　张	7.75
插　　页	2
字　　数	149千
版　　次	2017年6月第1版
印　　次	2017年6月第1次印刷
印　　数	1—5000
标准书号	ISBN 978 - 7 - 5333 - 3760 - 5
定　　价	34.00元